裸泳者

20位政商巨子的时代切片

戎明迈 郑捷华 ◎编著

南方日报出版社
NANFANG DAILY PRESS

图书在版编目（CIP）数据

裸泳者：20位政商巨子的时代切片 / 戎明迈，郑捷华编著. —广州：南方日报出版社，2009.9

ISBN 978-7-80652-923-2

Ⅰ. 裸… Ⅱ. ①戎…②郑… Ⅲ. ①政治家－生平事迹－世界②企业家－生平事迹－世界 Ⅳ. K817　K815.38

中国版本图书馆CIP数据核字（2009）第159432号

裸泳者——20位政商巨子的时代切片　　戎明迈　郑捷华 编著

出版发行：南方日报出版社

地　　址：广州市广州大道中289号

电　　话：（020）87373998-8502

经　　销：全国新华书店

印　　刷：佛山市浩文彩色印刷有限公司

开　　本：787mm×1092mm　1/16

印　　张：12.25

字　　数：180千字

印　　数：1-6000册

版　　次：2009年9月第1版

印　　次：2009年9月第1次印刷

定　　价：28.00元

投稿热线：（020）87373998-8503　读者热线：（020）87373998-8502

网址：http://www.nanfangdaily.com.cn/press　http://www.southcn.com/ebook

目录

序一　经世致用人为本

曹　轲

左手托着腮帮，半夜一人发呆。猜猜这个人在干什么？在思考吗。在思念吧。还有一种可能，牙痛发作了。第一个答案是论文，第二个答案是散文，第三个答案，可能是新闻。

在疼痛的感觉中思念，在思念的疼痛中思考，这种思念一定刻骨铭心，这种思考一定痛彻心肺。把论文、散文和新闻的范式打通融合，把经济、社会和人性的东西贯通融会，这样的文本必定产生丰满深刻的张力，带来痛快淋漓的活力。

所以，看到这本书的读者有福了，因为你可以在轻松阅读中了解严肃的经济话题。所以，写这本书的作者有心了，因为他把复杂的经济现象转换成有血有肉的个体命运、人物沉浮。这种转换式写作，很考综合功力，也很有标本价值。

转换式写作，理当是一名好记者必备的功夫。要把专业领域的东西，写得让读者爱看容易看，就必须转换成吸引人的故事，要说人话，而不是官话套话。比如说公检法的报道，如果记者照抄起诉书判断书，抄完第一段必定得抄第二段、第三段，写出来的新闻报道必然生硬无趣。比如说官方会议和政策的报道，如果照搬领导的讲话和文件报告，写出来的新闻报道必然面目可憎。比如说经济现象和话题的报道，如果从数据到数据，从论据到论证，写出来的新闻报道必然枯燥无味。

转换式写作，理当是一名好记者追求的境界。要把专业行业的东西写得让非专业的人爱看容易看，拥有娴熟的专业能力和转换技巧很重要，但也是远远不够的。在技巧和能力背后，一分高下的是作者的人文关怀、人本思想、人性思索。否则，通俗化的转换就成了庸俗化的表述，人本化的呈现就成了空心化的热闹。

以人为本，有两层含义。一是取经济领域有代表性的人物为标本，二是写出这些代表人物的人本意义。很多大牌的经济学专家，不愿写也写不来这种以人为“本”的作品。很多优秀的记者，可能写出了一个个零散的人本故事，却无心或者无力做出全面系统的梳理。可以说，本书的作者积极尝试了，而且做到了。

读这样的故事，不亦快哉！有这样的同事，不亦快哉！

（作者系南方报业传媒集团社委、南方都市报总编辑）

序二　中国增长之谜

何东霞

拿到我的学生戎明迈的书稿《裸泳者》的时候，正是一代歌王迈克尔·杰克逊以生命的绝唱猛烈冲击世人视觉听觉的日子，我在思考这样一个问题：到底有没有经济学的“王者”，有没有洞悉经济运行轨迹，在万花筒般复杂世相面前心中自有一套清晰脉络，在泥沙俱下鱼龙混杂的水中能看到浑水摸鱼的裸泳者的经济学大师？

19世纪黑格尔在《历史哲学》一书中说，中国没有享受海洋所赋予的文明，海洋没有影响中国的文化。①由此引发了“河殇”的感叹。但是自从1979年春天的故事从海洋开始，我们中国的“山人”、“河人”也纷纷下海游泳，下海伊始我们身处的国际市场这个汪洋大海是那样的神秘，那样清澈见底，它的管理者指责我们不懂游戏规则，国内没有公平竞争市场，带着政府垄断向别国倾销。似乎我们没有泳衣，泳姿不规范，简直

---

①黑格尔：《历史哲学》，王造时译，上海：上海书店出版社，1999.

就是一个搅浑水者。为加入WTO取得合格游泳证我们经历了整整八年的抗战，而时至今日我们的“市场经济国家”的地位还没有被某些大佬级国家承认。

是的，用主流新古典经济学的标准来衡量，我们没有宪政秩序，法制不健全，许多企业产权不清晰，是一个不具备经济效率基础的国家。但是，30年改革开放中国国民生活状况发生了翻天覆地的变化，在世界经济大海中掀起了一阵阵的巨浪！新制度经济学家张五常说：“我可以在一个星期内写一本厚厚的批评中国的书。然而，在有那么多不利因素的困境下，中国的高速增长持续了那么久，历史从来没有出现过。——中国一定是做了非常对的事才产生了我们见到的经济奇迹。——我用一个比喻对这些朋友解释困扰了我好几年的问题。一个跳高的人，专家认为不懂得跳。他走得蹒跚，姿势拙劣。但他能跳八英尺高，是世界纪录。这个人一定是做了些很对的事，比所有以前跳高的做得更对。”①

传统的经济理论对中国现象解释乏力，这就是经济学的困境和困惑。新古典经济学假设完美的市场制度是既有的，在这样的前提下分工交换、均衡价格和市场的形成是自然而然的，一个国家经济增长与否取决于劳动、资本、技术和自然条件这些要素；新制度经济学指出新古典经济学解释不了为什么有些国家能积累较多的资本，能够有不断的技术创新和培养出高素质劳动力而有些国家不能，由此提出制度重要，制度选择的依据是交易成本这样一个重大命题；新经济史学发现，按照新制度经济学的逻辑，好的制度应该总是会被选择的，那么为什么无效率的制度会在很多国家长期存在？并且提出了著名的“路径依赖”的解释——诺斯说今天和明天的选择是由过去决定的。②对于一个国家的历史和文化如何决定今天的制度，历史比较制度学派格雷夫进行了成功的案例阐释。他通过马格里布商人联盟和热那亚商人行会不同的文化背景解释了在中世纪前期各方面都明显发达于欧洲的穆斯林世界，为什么后来却走向了与欧洲完全不同的发展道路，甚至到现在，从经济发展的角度来看，仍然落后于欧洲。

于是对于中国增长之谜——如果它是一个“谜”，它也是集新自由主义之大成的“华盛顿共识”意义上的谜。因为只要不是按照主流经济学规定动作实现的经济增长，他们就认为不可思议——我们可以

---

①张五常，中国的经济制度，香港花千树出版社，2008年.

②诺斯，1990，制度，制度变迁与经济绩效，上海三联书店，1994年版

从诺斯和格雷夫初步搭建的理论架构开始做解释的尝试。在世界上其他古老文明渐渐消亡的历史长河中，中国文化延绵五千年，在这样一个古老文明的国家扩展市场经济秩序，市场制度是由那些带着沉重的历史沉淀物和核心价值观的中国文化传承人去自我实施的，一般的市场制度通过不同的文化人的实施，在不同的文化土壤生长，会发生变异演化，形成风格特征各异的市场经济模式。实际上，东亚国家和中国的香港、台湾被称为“裙带资本主义”、“儒家资本主义”，“关系网络资本主义”，就已经给“资本主义”嵌入了中华传统文化的因子。而中国这个中华传统文化发源地，它传承的是囊括秦晋文化、巴蜀文化、齐鲁文化、荆楚文化、吴越文化、岭南文化的各种有差异的地域文化，延续的是包含先秦诸子及其后世的百家思想。墨家的社会理想、法家的治国理念、道家的人生追求、儒家的处世哲学虽然丰富多彩甚至针锋相对，但是异质多元的丰富的文化又有它核心的价值观，构成统一的中华文化并且与其他文化区别开来。这样的文化土壤上会衍生出怎样的市场经济模式？

现在我们在进行时，市场化改革尚未完成，我们不能预知制度变迁的方向和结果。现在我们知道的是，中国这样的国家，法国重农学派经济学家弗朗索瓦·魁奈在1767年《中华帝国的专制制度》[①]中曾经对其赞誉有加，把它树为欧洲的典范；中国这样一个充满光荣和辉煌的国家，自从鸦片战争以后，放下了它泱泱大国的架子，反思千年文化优劣，开始了艰辛的向西方求学道路。我们先是引入西方民主推翻了帝制建立民国，继而引入马克思主义建立社会主义制度，再而引进市场经济理念实施改革开放制度变迁，提出与国际接轨，正式下海游泳。今天我们和那些昔日的“夷人”同游于江海，虽然不断受到他们的指指点点，本着君子礼贤下士的风度暂且忍之。可是当大潮退下，巴菲特说有人在裸泳！是可忍孰不可忍！大潮退下你看到我们中国穿着标准的泳衣——虽然我们跳出了传统文化一大步，但是礼仪之邦的底线尚存，我们没有那么多的金融创新，不知道同场竞技竟可以那样出千，以邻为壑！先圣教导我们非礼勿视，非礼勿听，你们这样一丝不挂，一点不留，有辱国家。中国不高兴，中国很不高兴！

（作者系广东商学院国民经济研究所所长）

---

① 〖法〗弗朗斯瓦·魁奈．中华帝国的专制制度[M]．谈敏，译．北京：商务印书馆，1992．

前言

你能看到多远的过去
就能看到多远的未来

世界变了，而你浑然不知，过去两年有太多的谬误为此作注。

当沉默了亿万年的印度板块向亚洲板块俯冲，一场始料未及的灾难在汶川发生了，再次证明我们对这赖以生存的世界缺乏正确和完整的认识。

而当流感像许多年前那样轻易地攻陷我们以为坚不可摧的城堡时，地球的上空弥漫着诡异的厄尔尼诺现象。人类一思考，上帝就发笑，人终归是一根脆弱的芦苇。

次贷危机，像地震一样积蓄能量，但更聪明，悄无声息占领了全世界。2008年年初，我们的经济学家还在猜测股市的点数，没有人能料到，过去两年的K线图可以演绎如此的“完美风暴”。

错了！错了！石油的价格猜错了，黄金的走势看走眼了，加息降息瞬间转换。当有着158年历史的雷曼兄弟在2008年秋天无奈地退出历史舞台，那个以研究大萧条出名的美联储主席本·伯南克才意识到，流动性泛滥埋下的祸根不亚于一场地震积蓄的能量。但宿命的是，如今这个“直升机本”自己就开动印钞机在天空中到处撒美元，开始最无耻的救市。

神像一个个倒下，过去几年你所看到的世界已经改变。“CHANGE”（改变），当这个单词从最发达国家的第一位黑人总统奥巴马的口中吐出时，你应该认真咀嚼它深刻的韵味。

2009年，以及接下来的数年里，我们将见证历史的转折。在历史的纬度上，这一年离1929年的大萧条80年，是共和国成立60周年，改革开放30年之后的一个新纪元。

如果我们确定将这轮经济危机与1929年的那场大萧条相提并论，而不是与1997年的亚洲金融危机及2001年的互联网泡沫混为一谈，我们就必须用1929年的视角来看待这场还在蔓延的金融风暴。

在1929年的大萧条之后，市场经济的奠基石自由主义理念动摇了，建立了以美元为中心的资本主义世界货币体系——布雷顿森林体系，推动了第三次科技革命。日本、联邦德国迅速崛起，美国的霸主地位再也没有人能撼动。

可以想象，2009年，在一场大危机之后，美国、欧盟、日本、中国、印度、俄罗斯等G20俱乐部的重磅会员，力量会此消彼长。作为最具潜力的一极，中国会不会在危机中和平崛起？

延续了三十年的外生型增长模式，在国外需求相对低迷的约束下，会不会探索出新的内源型增长路径？而那些改革开放之初“倒爷”的远去，那些红色资本家的“破产”，那些“原罪”的再清算，那些看似风光无限但转瞬即逝的“风流人物”，在历史的舞台上还能吟唱多久？

巴菲特说，只有当浪潮退去，才知道谁在裸泳！包括巴菲特自己，今年糟糕的业绩让他好像也忘了带裤衩。

如今的2009年，可以肯定的是，我们不能再以美国的标准衡量中国的问题。不管中国高不高兴，全球化、自由主义、金融创新，无数美妙的词语并不一定适合现阶段我们这个发展中的国家。

魏源说，师夷长技以制夷。一百多年西学东渐，中国人不能失去思考的能力，将智慧的根须伸向五千年的古老文明，获得应对这场灾难的淡定和养分。《老子·五十八章》说，祸兮福之所倚，福兮祸之所伏。2009年，注定是改变与重构的一年。在这历史的十字路口，让我们不动摇、不懈怠、不折腾。

未来的岁月，还会像让我们惊讶的上一年，不断地推翻我们原以为颠扑不破的真理。就像在2008年华尔街沦陷之前，所有的金融寡头都以为不会重演1929年的金融危机。

温斯顿·丘吉尔说，你能看到多远的过去，就能看到多远的未来。是的，在这个历史的分岔口，每一个观察者的射灯都如此微弱。

作为一位伟大的观察者，约瑟夫·普利策说，倘若一个国家是一条航行在大海上的船，新闻记者就是船头的瞭望者。他要在一望无际的海面上观察一切，审视海上的不测风云和浅滩暗礁，及时发出警报。是的，在加入南方报业的时候我就这么引述过。在这里我们试图记录，站在历史十字路口的20位政界、商界、学界巨子的光荣与梦想，失落及黯然。真切地希望这些粗糙的时代切片能够带给大家一点启示和思考。

戎明迈

2009年8月1日

第一部分
秩序重构

共和国60年，毛泽东主导了前30年，邓小平主导了后30年。那些影响时代发展的决策者，是无法回避的一群人，他们在危机中不断地推出新政策，这些政策也就成为时代的注脚：对或者错，向左还是向右。

新的秩序在他们的手中重新构建，他们的身上体现着不同利益群体的博弈：自由主义还是贸易保护？去杠杆还是再杠杆？

从影响中国的美国谈起，奥巴马无疑是中美关系的核心人物，美联储主席伯南克将决定未来美国的经济政策；而国内，央行行长周小川作为宏观调控的代表，他将展现一幅多年来中国从持续繁荣进而曲折向上的历程。

奥巴马：

在新资本主义浪潮中裸泳

2009年1月20日，当年仅48岁的首位美国黑人总统巴拉克·侯赛因·奥巴马把左手放在林肯当年所用的《圣经》上宣誓就职时，全球有15亿人在关注着他。人们回想起76年前的罗斯福，不知道眼前这个瘦小的甚至尚未完成第一届参议员任期的政界“菜鸟”，能不能带领美国甚至全球经济复苏。

“奥巴马新政，从现在开始，美国进入奥巴马时间。”作为冷战结束之后的另一极，俄罗斯总理普京说，不要对奥巴马期望过高。

“全球金融平衡可能会发生巨变，就像1941至1945年间大英帝国和美国之间那样。”《大国的兴衰》一书作者保罗·肯尼迪这样写道。而目前美国对外国投资者的依赖越来越像历史上西班牙国王菲利普二世和法国国王路易十四四处举债的情况——这些做法都是起初令人向往，慢慢却会失去魅力。

或许会有一场战争，改变世界秩序。在2009年的今天，几乎每个夜晚在世界的某个角落都有枪声响起。美国国防部长盖茨6月18日在国防部新闻发布会上说：“我们已经身陷伊拉克和阿富汗。如果再有第三场、第四场、第五场类似战争呢？”五角大楼的官员们表示，世界已经发生重大变化，“同时打赢两场战争”的战略已经不再适合美军。

但更为可能的是，贸易战争和货币战争，毕竟这是个依靠经济实力决定势力版图的新生代。

“CHANGE”（改变），这个用词汇麻醉了美国人的世界新领导人奥巴马，在他华丽的新装底下，诺言还是谎言？救世主还是欺世盗名？

2000万人失业　奥巴马的烂摊子

击败了已不能算是美女的希拉里，击败了老态龙钟的麦凯恩，2009年1月20日，美利坚合众国第44届总统奥巴马接管了一个令人恐怖的烂摊子。

此时国家正陷入两场战争：阿富汗战争和伊拉克战争。而经济更是陷入了大萧条以来最艰难的时期，成千上万历史悠久的企业倒闭，大批工人失业，数以万亿美元的资金砸入这个看不到底的泥潭，复苏似乎遥遥无期。

作为奥巴马的支持者，2008年诺贝尔经济学奖获得者克鲁格曼在给刚上任的奥巴马的信中写道：现在经济的前景有多糟糕？它几乎比任何人想的都恶劣。

因为准确预见1997年亚洲金融危机而名噪一时的克鲁格曼这样总结：“布什执政的经济成长，就像它所表现出来的一样，是由私人贷款的膨胀所激发出来的。现在信用市场呈现出一片纷乱，商业和消费者都裹足不前，经济一泻千里。

所面临的问题说穿了就是失业。美国的经济每年应该创造100万个工作机会，才跟得上它的人口成长。危机前，布什当局每年只有80万个工作机会。但就在2008年，我们不但没有创造百万的工作机会，反而减少了200万个。我们现在继续着每个月50万个工作机会的丢失。

从现有资料和既有状况来看，就业前景的持续恶化没有逐渐缓和的迹象。也就是说，2009年年底时我们可能有1000万以上的工作缺口。换句话说，美国的失业率可能会高达9%。如果把那些干最低工资以下工作的人和那些只找到零工的人计算在内，真正的失业率应该高达15%，超过2000万的人苦于失业。”

全世界60亿人都在关注奥巴马，这个最发达国家的新领袖，能否扭转世界经济下滑的趋势？

“历史的重任在我们的肩头。”奥巴马说，“几个关键时刻往往能决定人的一生，新世纪伊始，我们正面临着自己的关键时刻。”

1933年，历史的关键时刻，富兰克林·罗斯福取代焦头烂额的胡佛，当选为美国第32届总统。那是一个让美国人民怀想的年代，虽然满目疮痍却潜伏着盎然生机。罗斯福开启了一个全新的时代，历史上称为“罗斯福新政”，即复兴（Recover）、救济（Relief）和改革（Reform）。

奥巴马可以吗？不管奥巴马能不能做到，身处历史漩涡的奥巴马都将代表一个时代。

“我们的经济形势不断恶化，数以百万的美国家庭失去了住宅、工作以及对美国基本承诺的信任。”奥巴马的坦白让人心情沉重。曾几何时，美国精神意味着在这个包容的国度，无论出身、肤色或者家庭背景，只要努力，就可能获得成功。奥巴马本身就是一个证明。如果连这种美国人引以为傲的精神都不复存在，美国对于很多人来说，只剩下底特律冷冰冰的钢铁工厂。

著名投资人巴菲特表示，美国正面临二战以来未曾面临过的“经济珍珠港战役”。巴菲特预测，奥巴马的大规模经济刺激计划将有所帮助，但不会立刻发挥效用，需要时间来以实际力量治疗美国经济。

一个人的力量　“我们相信变革”

“看起来你挺不错，为什么要趟政治这摊浑水？”从哈佛法学院毕业之后，35岁的奥巴马尝试竞选伊利诺伊州立法委员会成员时经常会被问到。那时候的奥巴马如果见到街角有两个交谈的人，就会穿过马路递给他们竞选宣传册。这个有着典型“美国梦”的年轻人，声称自己拥有“无畏的希望”。

巴拉克·侯赛因·奥巴马二世（Barack Hussein Obama II）1961年出生于夏威夷。父亲是肯尼亚的黑人经济学家，母亲是美国的白人女教师。父母在奥巴马两岁的时候分手，在听说父亲1982年在肯尼亚死于车祸前，奥巴马只见过父亲一次，奥巴马跟着母亲和外公、外婆长大。

奥巴马的历程非常顺畅。1988年，奥巴马进入哈佛大学法学院。1991年奥巴马在哈佛获得了“极优等”法学士的学位。回到芝加哥后，奥巴马主持了一次选民登记运动，且为民权律师事务所工作。后来，自1993年至2005年竞选联邦参议员的12年中，奥巴马一直在芝加哥大学法学院担任宪法讲师。

唯一的一次挫折发生在2000年，那是他当选伊利诺伊州参议员后的第四年，奥巴马竞选美国众议院席位失败了。

“一想到2000年竞选的惨败，我便有一阵揪心的感觉。那次竞选中，能出错的都出了错，悲剧和闹剧构成了我自己的错误。”奥巴马在自传中尽力掩饰当年失败的经历，甚至抬出年幼孩子生病的理由。奥巴马说，很多人失败之后，可以私下里舔舐自己的伤口，但政治家可不一样，他们没有这个特权，他们的失败将被公之于众。你必须面对空了一半座位的大厅诚心诚意发表演说，承认失败。你必须故作坚强，宽慰你的竞选伙伴和支持者。你必须给帮助过你的人打电话表示感谢，还得尴尬地请求他们在你退出竞选、偿债时进一步提供帮助。

这次失败让一直顺风顺水的奥巴马有机会舔舐自己的伤口，随后他将主要精力放在本州的参议工作，且于2002年获得连任。

而后，奥巴马却是因为一次演讲获得了全国知名度，一举将他推向了历史的舞台。2004年，奥巴马在美国民主党全国代表大会发表主题演讲。他说：“政治评论员们喜欢把我们的国家切割分开成‘红色州和蓝色州’，红色州代表支持共和党人，蓝色州代表支持民主党人。但我向他们带来了新的消息：我们崇敬蓝色州里伟大的主；我们不喜欢红色州里的联邦探员在图书馆里闲逛；我们在蓝色州里指导小联盟的训练，是的，我们在红色州里也有一些同性恋朋友。然而有爱国者反对伊拉克战争，有爱国者支持伊拉克战争。我们是一体的，我们都宣誓效忠星条旗，我们都在保卫美利坚合众国！”

这场演讲让美国许多政要和民间闻人都注意到了奥巴马，2004年11月，奥巴马以70%的选票当选联邦参议员。

接下来奥巴马的运气好得让人妒忌。就是这一次演讲，使人们预料他最终将参与美国总统的竞选。而他的对手就是那个前第一夫人、美貌与智慧完美结合的希拉里。2006年12月底出版的《新闻周刊》封面故事设问：美国为希拉里或奥巴马做好准备了吗？

或许是无法承受一个美丽的女人在你面前衰老的事实，2008年6月3日，最后两场预选在南达科他州和蒙大拿州举行，希拉里确定在党代表票数上落后，奥巴马初定成为民主党总统提名人，这是美国历史上首次有主要政党提名参与总统大选的黑人。2008年8月23日的民主党全国大会上，他被正式提名，并且选择了参议员乔·拜登为副总统候选人。

在与希拉里竞逐候选人资格的时间里，这两个最具冲击力的提名者已经吸引了全世界的目光。没有人再关心共和党谁是候选人，在赚足眼球的一波三折的民主党角逐中，奥巴马已经提前击败了共和党候选人麦凯恩，成为美国有史以来第一位非洲裔总统。

“这一刻等得太久了。今晚，在本次大选的决定性时刻，因为我们今天所做的决定，变革已经在美国发生。”2008年11月4日，奥巴马在胜选之夜大声说，“我们相信变革。”

泥泞的美国梦　奥巴马在裸泳

奥巴马的存在似乎证明美国精神仍旧温暖着很多移民者的心。一个流传很广的故事是：在夏威夷大学念书时，奥巴马的父亲有一次去一个酒吧。一个白人对侍者大声抱怨：为什么安排我坐在黑鬼旁边？众人都呆住了，老奥巴马走过去，心平气和地对白人讲起什么是“美国梦”，人生而平等的由来等等，结果那白人听得面红耳赤，最后掏出100美元埋单谢罪。

奥巴马也提到他的“美国梦”，这个美国梦埋伏在他的潜意识里。奥巴马第一次看到白宫是在1984年，刚从大学毕业，在纽约市立学院外的一个小区做社区组织工作。此时，里根总统正在推行一轮削减学生资助的提案。于是，奥巴马与一群学生领袖——他们大多是黑人——收集反对削减提案的各种提议，然后提交给纽约议会代表团。这是一次简短的旅行，大部分时间奥巴马都花在雷本大楼那无尽的通廊里。黄昏时，奥巴马抽空去看一看白宫。伫立在离海军陆战队警卫站几英尺远的宾夕法尼亚大道上，眼前蜿蜒的过道上满是行人，身后是汹涌的车流。白宫的优雅恢弘没有留给奥巴马深刻的印象，使他惊讶的倒是它置身在都市的喧嚣中。

20年后，靠近白宫已经不是那么容易了。检查哨、武装警卫、前卫、摄像头、警犬以及收缩的路障将白宫四周隔离在两个街区那么大的范围，无证的小车再不可以在宾夕法尼亚大道上行驶。就在奥巴马宣誓成为参议员的前一天，小车开出白宫驶上车道时，奥巴马不由为昔日情景的消逝感到一丝凄凉。

在没有成为总统之前，奥巴马这样描述：白宫里面不像你从电视和电影中看到的那样光彩夺目，它显得有点老旧，有如人们想象中的一栋苍老的旧房子，在寒冷的冬夜中萧瑟。

“假若还有人在那里怀疑美国是否真是一个一切皆有可能的国度，假如还有人在质疑我们的奠基者的梦想是否依然存活于我们这个时代，假如还有人对我们民主制度的力量半信半疑，那么今晚你得到了一个答案。”奥巴马在竞选期间的慷慨陈词无比绚烂。

这个留存在奥巴马成为总统前的美国白宫印象，或许比现在奥巴马的话更能真实地表达他对于白宫的渴求与向往。我们会经常回想，一个刚刚毕业的大学生，站在象征最高权力的巨大建筑物面前，面对那些陌生的脸孔、嘈杂的车来车往，是怎样的一种惶恐与刻骨铭心。那一刻，成为白宫的主人或许是奥巴马在自传中没有写出来的潜台词。

事实上，奥巴马成年之后才真正开始在美国本土学习和工作。大概在6—10岁，奥巴马随母亲从夏威夷迁居到继父、印尼人苏托洛在雅加达郊区的家中。那里的生活环境堪比贫民窟。路都是没铺过的，房子里没有电。

奥巴马本身就承担着很多人的美国梦。在奥巴马的每一个竞选集会上，年轻人总是占了大多数。蓝领、黑人、妇女是他的忠实支持者。倾向比较自由主义的年轻人希望奥巴马一洗白宫的陈腐气息。而蓝领、黑人、妇女等社会较弱势人群，以及厌烦了美国种族分裂的人们，则希望奥巴马能为他们出人头地。“改变”，这个奥巴马竞选的口号，实际就是马丁·路德·金梦想的21世纪版本。

姓“资”还是姓“社” 资本主义的迷惑

听奥巴马说什么不如看他实际在做些什么。那些政客的嘴脸可并不像在电视荧幕前那么和谐可亲。

资本主义终结了吗？当许多年前伟大的马克思作出判断时，他可能也没有想到今天最发达的资本主义国家会面临如此艰辛的问题。

讨论资本主义是否终结似乎没有意义，就像很多人在说“奥巴马是一个社会主义分子”一样。

“人们目前产生的最强烈疑问，与其说是资本主义的终结，不如说是资本主义的本质和变革的必要性。”1998年诺贝尔经济学奖获得者阿玛蒂亚·森这个当代杰出的经济学家和哲学家试图把握时代的命脉。

2008年美国大选期间，共和党就称奥巴马是“社会主义者”，把这个“S”（Socialist）开头的“红字”贴在奥巴马的额头上，不过共和党的如意算盘最终未能得逞。

随着奥巴马出台大手笔的振兴经济方案，有人说他终于露出了社会主义者的真面目。奥巴马上台之后扛起了凯恩斯主义的旗帜，主张“大政府，小市场”。着力推行政府大规模金融监管和经济运作，加大政府对经济金融的救助力度和直接干预程度，刺激经济增长。

为了推行经济刺激计划，政府的赤字正以前所未有的速度“滚雪球”。 奥巴马的计划分为两个主要部分：第一部分是减税计划，包括给私人和企业的减税。计划的第二部分是一系列政府支出项目。在2009年1月8日的演讲中，奥巴马反复强调了这些支出项目的目的就是通过在新能源、节能、医疗、教育和社会保障方面的投入使美国在未来的能源、科技竞争中更有竞争力，创造更多“无法被外包”的工作机会来改善美国人民的收入和生活质量。而这些，更多地被贴上了社会主义的标签。

“回答说‘是（社会主义者）’，有什么不对吗？”《纽约时报》记者在“空军一号”上这个姓“资”还是姓“社”的问题让奥巴马很是头疼。奥巴马当时拒绝回答这个问题，但在一个多小时后，这位总统主动打电话给记者说：“我实在很难相信你们把这个社会主义者的问题，看得那么认真。”然后澄清说，“介入市场并不代表我个人的意识形态的倾向”。

主动打电话澄清证明奥巴马很在乎姓“资”姓“社”的标签。有一种流传很广且很有趣的说法是：欧洲大陆已经没有资本主义了，有的只是民主社会主义。英国则是一半对一半，美国才是资本主义的天堂。

这个资本主义天堂在奥巴马上台以后已经开始倾斜。政府直接介入市场，奥巴马，寻求的或许只是一只会捉老鼠的好猫，根本无暇顾及那是一只白猫、黑猫还是加菲猫。

90年前的1919年3月，正面对另一场经济危机的列宁论述了当代资本主义所遭遇的困境，不情愿地写下了这句结语："那种认为资本主义无法摆脱当前危机的想法是错误的。"

尽管美国和欧洲市场在20世纪20年代遇到了很多问题，甚至发生了20世纪30年代的大萧条，可在二战结束后的漫长时间里，市场经济迸发出异乎寻常的活力，令全球经济在过去60年出现了史无前例的扩张。

阿玛蒂亚·森认为，今天的经济困局并不需要某种"新资本主义"，而是需要我们以开放性思维来理解有关市场经济能力范围及其局限性的旧观念。我们首先需要清醒地认识到不同体制是如何运作的，同时还要了解各种组织——从市场到国家机构，如何能够齐心协力创造出一个更美好的经济世界。

2009年1月，在巴黎举行的"新世界、新资本主义"研讨会上，以法国总统尼古拉•萨科齐、英国前首相托尼•布莱尔和德国总理安格拉•默克尔为首的人士展开了激烈讨论，而"新、老资本主义"概念的提出，在其中发挥了催化的作用。

阿玛蒂亚·森相信，这场危机无论今天看起来有多么难以战胜，也终有一天会成为过去，但有关未来经济体系的问题将继续存在。

帝国的衰落　一个动荡不安的年代

在奥巴马的眼里，中国是个什么样的形象？这是一个值得思考的问题。

从目前奥巴马关于中国的只言片语，奥巴马似乎对中国没有太多的认识，更多的时候强硬多于妥协。奥巴马需要应付的事情实在太多了，我们没有必要美化奥巴马对中国的了解，或许对于奥巴马来说，中国只是一个人口众多、普通的国家。

2008年竞选总统期间，奥巴马阐述其"重塑美国领导力"政策时谈到：在诸如气候变化等涉及共同利益的问题上与中国合作，同时鼓励中国转变成更为开放和自由的社会、改革其贸易政策。这句话的潜台词似乎是：中国社会需要更加开放和自由，贸易政策需要改革。

奥巴马也曾对中国的经济增长模式有微词：中国必须采取行动，保护环境并减少能源密集型生产，推动国内消费使其成为经济增长的引擎。

而在他的《无畏的希望》一书里，偶尔谈及中国是出现在这样的语境下：如果作为世界上最富有的国家，我们消耗着世界上25%的矿物燃料，而且自己都不能提高哪怕一点点燃料利用率标准来减少我们对沙特油田的依赖，减缓地球变暖的速度，那么我们将很难说服中国不从像伊朗或苏丹这样的石油供应国那里购买石油——也不能指望与这些国家进行更多的合作，解决那些已经蔓延到我们国土上的环境问题。

2006年1月，奥巴马出任参议员第二天，便与共和党参议员科尔曼组建了一个“参议院美中工作小组”，打算通过全面美中接触和对话发展两国关系。尽管小组成立后不久，奥巴马便投入竞选总统的准备工作，但这一举措说明他对中美关系的重视。

对于台海问题，奥巴马的态度让人放心一点。奥巴马曾撰文说，“我们支持中国内地与台湾之间关系的改善。在双方善意的努力之下，两岸关系迎来了自20世纪90年代中期以来的最好时机。”这与中国的立场比较接近。

在奥巴马的周围，有一群比较了解中国的人。副总统拜登曾经亲自拜见邓小平。能源部长朱棣文，是华裔诺贝尔奖得主。内阁幕僚长卢沛宁是华裔。商务部长骆家辉，不但是第一任华裔州长，更是在贸易问题上为中国辩护的说客。而把亚洲作为首访对象的国务卿希拉里曾经撰文表示，中美关系是21世纪最重要的关系。

但这一切并不能掩饰奥巴马与中国，或者说美国与中国，如新加坡资政李光耀所说“令人悲哀的深刻鸿沟”。美国人还需要更长的时间来看待中国的成就，毕竟中国的崛起也是近年来的事情。

奥巴马难以阻止的是，帝国的衰落带来的深沉的失落感。根据国际货币基金组织提供的按现行汇率折算的GDP统计数字，在上世纪90年代，美国增加了它在全球产出中所占的比例，并在2000年达到顶峰，然后，在布什政府执政的8年期间开始稳步衰退，在21世纪头10年结束时，美国的相对实力最终将下降近1/4。与此同时，中国的相对实力却一直在增强。奥巴马当选总统后，中国领导人第一时间向其表示祝贺，随后奥巴马与9个主要国家的领导人通电话表示致谢，唯独“漏”了中国。这种微妙也是中美关系的体现，中美并不在一个阵营，而且美国内心还抗拒与中国平起平坐。

美国《国家利益》双月刊2009年1—2月号发表文章，题目就是“帝国的衰落”。单极秩序正在变得过时，其他国家正在崛起为可以与美国实力抗衡的力量。重大的相对衰退通常都伴随着极度危险的国际环境。因此，美国的衰退不仅需要经济的考量，更要注意秩序重构带来的冲击。

综观历史，一个帝国的衰落，大都和一场惨烈的战争有关。世界秩序的重构很大程度上依靠一场战争完成。美国真正的衰落也要靠一场战争完成，但在当下，这种可能性非常小。

中国和美国，更多地将在国际贸易方面发生“战争”，或者在汇率方面发生“货币战争”。这些是无法回避的矛盾所在。

奥巴马上台，这个被贴上“贸易保护”标签的新总统，崇尚所谓的“公平贸易”。有不少美国民众认为，贸易逆差及自由贸易政策使美国制造产业转移至如中国等低薪成本国家，因而导致数以百万计的工作岗位流失。

奥巴马所主张的保护美国就业、防止劳动力转移至海外的减税计划，以及设立“高端制造业基金”促进美国内部就业和防止劳动力转移的计划，使中国感到紧张：奥巴马更倾向于保护美国制造业和美国国内就业。

2008年11月，奥巴马胜选之后，奥巴马团队委托中国国际问题研究所中美关系研究中心启动一个计划：“美国对华政策：对奥巴马政府的期望”。这份报告提议，中美两国建立五个伙伴关系：经济伙伴关系、反恐伙伴关系、防扩散伙伴关系、绿色伙伴关系、跨太平洋伙伴关系。

在拥有广泛共识的地球村里，中美注定必须有兄弟般广阔的胸怀，才能共同应对这场没有国界的大危机。

伯南克：
背上格林斯潘的十字架

在格林斯潘含混不清的“美联储式”猜谜讲话中，伯南克像一个躲在神像阴影后面的孩子。

但格林斯潘还是留给了伯南克扬名立万的机会，一场百年不遇的金融危机或许能让这个孩子迅速长大。在颠覆格林斯潘19年传奇历史的基础上，伯南克准备将美元带往何处去？

美联储要拯救全世界，这是格林斯潘1998年为资本市场提供紧急资金援助之后《时代》周刊给予的美誉。如今伯南克早已是“开着直升机撒钱”，却让美元遭遇了1985年广场协议以来的最大单日贬值。

保卫美元还是放弃美元霸权？一战成名还是黯然隐退？在伯南克每天的睡梦中，肯定有魔鬼试图引诱他走上万劫不复的深渊。不管伯南克乐不乐意，新的世界货币体系正在形成。在美国衰落的背后，秩序正在改变。

“直升机本”伯南克　3月18日史上最无耻救市

“直升机本”，在华尔街，2006年上任的美联储主席本·伯南克有个著名的绰号“直升机本”：难道不是他建议通过发行大量货币来抵制通货紧缩吗？还有一些人叫他“B-52本”，B-52可是美国空军的重型亚音速战略轰炸机，这个绰号的含义与“直升机本”相似。

作为一个老学究，伯南克的学术履历比以往任何一位美联储主席都要强大。这位醉心于研究1929年大萧条的经济学家，最重要的学术观点就是：如果1929年大量印制钞票，危机就不会发生了。

1987年，甫一上任的格林斯潘因应对“黑色星期一”一战成名。作为通缩斗士，伯南克和格林斯潘一样，主张设定一个明确的通胀目标。

“为克服通货紧缩，要不惜从直升机上撒钱。”诺贝尔经济学奖得主米尔顿·弗里德曼一语成谶。如今不幸的是，华尔街一度耻笑的“直升机本”真的将直升机开上了天，撒起了华尔街求之不得的美元。

2009年3月18日，一个中国人还在睡梦中的时间，注定要刻在历史的牌坊上，伯南克开启了史上最无耻的救市行动。伯南克宣布，美联储将在未来六个月内收购3000亿美元之巨的美国长期债券，并将大量收购由“两房”担保的房贷证券和其债务。美联储将向带病的美国经济注入11500亿美元的资金。

传统意义上，美国的国债就是“美元”，同样以国家信用作为依托，这种金边债券在很多投资者眼里跟美元没有太大差别。

但伯南克改变了这一传统。美元变成了美联储的美元，国债变成了财政部的国债。用美联储的美元购买财政部的国债，伯南克正开始一项教科书都没有的开创性的救市方式。

用美元买国债，这种增发货币量的举措意味着商业和消费者的贷款利率将会变得更低，美联储此举令美国股市欢呼雀跃，18日美国股市收盘走高。道琼斯工业股票平均价格指数上涨90.88点，至7486.58点，涨幅1.23%；标准普尔500指数上涨16.23点，至794.35点，涨幅2.09%；纳斯达克综合指数上涨29.11点，至1491.22点，涨幅1.99%。

但这种快乐却是建立在其他国家的痛苦之上。消息出来之后，美元兑主要货币全线暴跌。美元指数当天2小时内下挫2.4%，至84点附近，美元指数自3月4日最高水平已累计下跌5%左右。这也是美元指数自1985年广场协议以来最大单日跌幅。当时全球主要经济体颁布该协议，正式同意美元贬值。国债收益率也创下22年以来最大单日跌幅，美国长债收益率当即降幅达到50个基点。

“美联储理论上有无限供给美元的能力，”中央财经大学中国银行研究中心主任郭田勇对此进行猛烈抨击，“这个口子一开，美国国债还用其他国家买吗？美国自己开动印钞机就可以解决问题了。这已经严重触及市场经济的底线。”

美国财政部公布的数据显示，中国持有的美国国债总量达到7396亿美元。美联储一下子就可以购买接近中国一半的持有量。郭田勇表示，2万亿外汇储备又将面临新一轮的缩水。我们可以选择抛售美国国债，但如果量太小，根本解决不了问题；量太大，美联储可能继续天量买入，也可能导致一个双输的结局。未来中国将遭受美元贬值、通货膨胀双重损失。

伯南克，现在已经失去了市场原则，没有稳定的货币供应量，只有轰鸣的印钞机。

40年前就这样搞垮布雷顿森林体系

苏格兰皇家银行策略师AlanRuskin表示：“这是个具有历史意义的时刻，美元作为全球储备货币的地位已开始改变了，许多人正目睹这一重大历史变革。”

善良的人们，当美联储主席伯南克亲自开动印钞机向我们的身上碾过来时，多年来辛苦积累的数以百亿的财富瞬间灰飞烟灭，我们惶恐得不知道怎样应对这明目张胆的输出美元。

就在18日美联储公布3000亿美元买国债那一刻，美元当即贬值3%，石油价格重新登上50美元/桶，黄金价一度飙升6%。

善良的人们，请重温1960年美国第一次使用“美元买国债”的历史，就在那之后的十年里，美联储搞垮维持国际金融稳定最重要的布雷顿森林体系。美元在此后的30多年里贬值了24倍。

因美元继续在全球市场普遍走软，美元/人民币无本金交割远期（NDF）走低，人民币实际汇率已经在加快升值。与中国贸易频密的亚洲国家的货币，如日元等贬值幅度较大，使得人民币以贸易加权计的实际有效汇率在2009年2月升值逾6.7%，成为全球最强势货币，中国的出口更加艰辛。

美元换国债，49年前美国人就开始这么干了。1960年，美国第一次出现美元危机，美元大幅贬值，美国经济出现周期性的不景气，并不断膨胀。当时肯尼迪政府第一次鼓励美联储转变公开市场购买方式，即从购买财政部票据转换为购买公债，以期压低长期利率，稳定黄金价格。从此之后，美国开始向世界大规模输出美元。20世纪70年代初中东石油危机爆发后，美国再也无法兑现美元与黄金之间的兑换关系，最终导致了布雷顿森林体系的崩溃。

放弃了“美元与黄金自由兑换”这个布雷顿森林体系的基本底线，被所罗门王封闭在瓶子里的恶魔被放出来了。科技部科技发展战略研究院副研究员郭戎估算，以2008年10月平均价格846美元/盎司黄金相比较布雷顿森林体系35美元/盎司，美元在30多年的时间贬值了24倍。

而以美国刚刚超过10万亿的国债规模，以现今的美元黄金比价，美国需要支付36.77万吨黄金的现货，相当于美联储现有黄金总拥有量的8500吨的43倍，相当于全球2007年黄金总存量15.7万吨的两倍多。可见，美国的国家信用被透支到何等地步！

《货币战争》的作者宋鸿兵这样总结，许多人没有意识到美国的长期债券是美国金融体系的生命线，长债被抛弃导致美联储直接介入的后果将是灾难性的通货膨胀和长期萧条。实情是，各国中央银行纷纷抛售美国长期国债，离岸对冲基金在狂抛两房债券，美联储已成为美国长期债券的最后买主。

大宗商品开始“收复失地”，由于国际大宗商品多以美元货币标价，美元贬值自然抬高商品价格。大宗商品反弹将削弱美元的避险需求，使美元和大宗商品的跷跷板效应更加显著。

2002年12月21日，时任美联储理事的伯南克在华盛顿发表了其一生中最重要的演讲，这次演讲被人们称为“直升机”演讲，也是“直升机本”绰号的来源。在演讲中，伯南克针对美国的经济不景气，提出让现金如同直升机一样，直接从政府手里落入消费者的手里，最终的结果便是通货膨胀，这样，问题便迎刃而解了。

“美国政府有一种被称为印刷厂的特殊技术，可以让他们随心所欲地印制钞票，而不需要花费任何成本”，伯南克这句话有恃无恐，或许只有当世界抛弃美元的时候伯南克才可能醒悟。

货币战争已经打响　伯南克成为美国的罪人？

美国打响货币战争第一枪，瑞士、英国、日本已在迎战。

美元走软将使其他经济体的货币升值，加大通缩风险。这正是美联储和英国、日本和瑞士央行努力避免的事情，这些央行都减息至零或接近零，并且还在向实体经济注入大量资金。

3月18日美联储宣布购买3000亿国债之后，瑞士央行当即大举抛售瑞郎购买欧元等货币，导致瑞郎瞬间贬值500点。这不是货币战争是什么？

对于瑞士来说，让瑞郎贬值已经成为应对美元贬值的无奈之举。英国、日本等其他主要央行很快就步美联储后尘，执行量化宽松政策。全球展开货币争相贬值的危机，早在2月韩元兑美元急挫逾10%、泰铢跌逾3.3%，日元也贬值近8%，一场货币战争血淋淋地展开了。

“美国收购国债之后，全世界都将进行货币贬值比赛、信用膨胀比赛，即将带来全球化有史以来最严重的、由非理性货币政策带来的高通胀。” 国家发改委宏观研究院副院长陈东琪预计，本轮全球经济调整即将进入低增长或者是零增长，甚至负增长和高通胀同在的滞胀危机。

陈东琪将其定义为“3·18”事件，“这是本轮经济调整进入第三阶段滞胀的标志”。陈东琪认为，“3·18”事件发生之后，以美国为代表的政府信用膨胀，美国危机进入第三阶段。第一阶段是信贷危机，第二阶段是金融和经济危机，第三阶段由企业信用危机演变为政府的信用危机。

历史何其相似！2009年的春天已经闻到了1930年、1970年春天的味道。

将20世纪30年代大萧条、70年代滞胀以及2008年下半年以来全球主要经济体利率降至百年来新低，并纷纷宣布将采用数量型宽松的货币政策等这三个历史性的阶段放在世界货币体系变革的同一框架下。可以发现，这三个阶段背后刚好对应的是世界货币体系发生变革的时期：20世纪30年代世界主要国家脱离金本位制度；70年代战后建立的布雷顿森林体系解体；2008年下半年以来，美国、英国、日本等主要经济体利率已经降至百年来的最低水平，到了接近零利率的水平。

种种迹象表明，我们当下也正在经历一个类似20世纪30年代世界脱离金本位制度后的世界货币体系变革时期、70年代布雷顿森林体系解体时期的阶段，支持全球经济运行的“类布雷顿森林体系”正面临逐步的变革。

历史经验表明，世界货币体系的变革往往带来货币的竞争性和集体性贬值，打乱原有体系下形成的相对稳定的增长和物价的预期，增长波动加大而物价预期（通胀或者通缩）也变得紊乱。20世纪30年代大萧条先是持续的通缩，全球脱离金本位制度后走出通缩、迈向复苏，又是高通胀。70年代则是高通胀，而石油的供给冲击更加剧了这种趋势，造成持续滞胀。当下全球经济经历了2008年上半年的高通胀之后随着金融危机的深化，通缩预期在抬头。

的确，从近百年主要国家通胀的波动率来看，20世纪30年代、70年代以及2007年以来的时期，刚好对应的是三段非战争情况下通胀波动率最高的时期，而这三个阶段，也对应着纸币对黄金的三次大的贬值和黄金价格的三次大跃升。“竞争性贬值”正在实现之中。

“许多人正目睹这一重大历史变革”，陈东琪表示，美元作为全球储备货币的地位已开始改变了，投资者会更多地在美元、欧元、人民币之间做选择。对美国短期是有利的，但美元的衰落对其长期利益没有好处。人民币就要崛起。

如果冰岛的国家信用危机对世界来说算不上什么，英国呢？随着英镑跌入几十年来的最低谷，市场人士已经将伦敦称为“泰晤士河上的雷克雅未克（冰岛首都）”了。

如今是美国的国家信用面临严重考验的时候。作为世界最发达的国家，作为世界经济的“定海神针”，如果美元出现问题，美元大幅贬值，整个世界将为之动荡。

“伯南克这个干预主义者！他正在人为制造通胀，变相发放货币，透支财政能力，试探市场底线，积累道德风险，有可能导致美国信用危机。”郭田勇警示。

事实上，国家信用危机已经有苗头。瑞银证券对全球各大发达/发展中经济体的金融和外部脆弱性总风险指数以及体系整体风险进行了计算，发现最高的金融和外部风险位于中欧和东欧经济体。在发达经济体中，有几个西欧经济体也处于风险区间高端。与之形成对比的是，瑞银的指标显示中国的金融和外部风险仍非常低。

伯南克，这个美元贬值的肇事者，会不会成为美国历史的罪人？

无力挽回的衰败

2009年4月22日，美国抵押贷款融资巨头房地美的首席财务官大卫·克勒曼被发现死于自己家中，克勒曼的妻子称其为自杀。房地美正是次贷危机的源泉，是美国两大住房贷款抵押融资公司之一，两家公司持有或担保的住房抵押贷款总额占美国住房抵押贷款总额的一半左右。

去年9月，房地美和房利美因身陷困境被美国政府接管。2009年3月，房地美财报显示，去年四季度净亏损达239亿美元，相当于2007年同期亏损额的近10倍。

克勒曼的死自然很容易让人想到2008年12月自杀的德拉维莱切特，后者是一位法国银行家，他自杀的原因是将客户的14亿美元资产投入了麦道夫管理的基金，谁知道麦道夫是个大骗子。

悲剧的主角还不止这两位。对德国的亿万富翁默克尔而言，大千世界似乎已无容身之地。他签名放弃了自己在40年的创业生涯中收购的120家公司这一庞大的商业帝国，然后，离开办公室，扑向高速行驶中的列车。

很多人都听说过大萧条期间，华尔街的金融专家们因为1929年股市崩盘而跳楼自杀的故事，但是对于现代人而言，那更像古老的神话。但这确实是现实，当时的确有为数不少的券商在那样极端的环境之中选择了结束自己的生命。

“领导地位”和“衰落”是相对的概念。观察人士认为，从事态发展来看，要让美国丧失金融领导地位，需要的不仅仅是本次危机。

但华尔街引以为傲的一些东西正在变化。大型投资银行雷曼兄弟的破产、高盛的转型使一些人认为投资银行这一商业模式已经死亡。有些观察家认为投资银行虽然没有彻底死亡，但未来几年将面临更大的发展阻力，因为这些公司没有存款等可靠的融资基础，不能为投资者提供安全网（存款担保），而这将削弱其竞争力。

还有人宣称对冲基金这种商业模式已经死亡。虽然对冲基金不大可能完全消亡，但是该行业正在发生巨大的变化。2008年，对冲基金的数量减少了4%，有人预计到2009年底，总数量折半。整合将导致行业两极分化——能够服务机构投资者的大型多策略对冲基金和主要面向高资产个人客户的小型对冲基金，夹在中间的对冲基金将被挤出市场。

一些幸存的对冲基金正在努力完全去杠杆，其他一些也不再继续强调高杠杆的小型套利策略。各项费用也在下降。

麦道夫500亿美元诈骗案曝光后，加强对冲基金的监管几乎是板上钉钉之事。监管措施将包括注册、提高资产持有情况的透明度、独立第三方管理（负责评估资产并且准备投资者报告）、类似于共同基金的借款比率、加强揭发机制、提高税率（按照正常的所得税率而非资本利得税率）、限制离岸税收延迟以及对基金的基金更多的尽职要求。事实上，对冲基金可以说“我们是数学天才，把钱给我们就可以了，无需问任何问题”的日子已经为数不多了。

有人认为眼花缭乱的“天才的金融工具”对眼下这场灾难“功不可没”，但美国一位坚决看空的基金经理Jeremy Grantham却不以为然，在写给股东的信中，其认为“头功”当属市场普遍存在的信仰——大家都认为如果市场人士的行为是理智的，而且都是由经济利益驱使，那么市场就是有效的。似曾相识吗？对，市场有效理论！

这个看空的基金经理认为，市场有效理论可以帮助我们解开“谜团”，为什么格老和他的继任者“印钞票的本”固执地认为泡沫根本不存在。亏得伯南克还是因为研究1929年经济危机而声名大噪，他认为非理性的行为不值得一提。

危机的导火索应该是一连串失败的政策，只要历史不重复（保证政策不出现偏颇），美国房地产市场百年以来最大的泡沫也不存在。

为什么主流学者不愿意放弃有效市场理论呢？很简单，谁也不愿意否定已经从事了几十年的研究。毕竟，有效市场理论已经被一部分人全盘接受，而绝大部分人至少接受其中的一部分。正是因为有了有效市场理论，我们的官员学者才能“稳坐钓鱼台”，但是眼前是怎样的场景呢？资产泡沫，监管漏洞，天价薪酬，复杂的投资工具，一个都没少，估计经济学家们自己也在想，“一个合理而有效的市场不应该出现这些”，可是他们怎么就没想到，有效市场本身有致命缺陷。

眼前这场危机不仅不是黑天鹅，甚至是一只很白很白的天鹅，看空基金经理提出的理论是“几乎可以确定的事情”。黑天鹅理论认为对95%—99%的风险进行预测、防范用处都不大，因为哪怕1%的小概率事件就可以让你功亏一篑。很多人疾呼，我们终于看到了黑天鹅，是这样的吗？眼前的这场由信贷引发的危机以及资产泡沫是不可预测的意外事件吗？

我们周围有各种各样的泡沫，是泡沫就会破灭，这一点几乎可以确定。伯南克曾经说，美国的房价从来没有下跌过。他真的不应该这么说，他应该说："美国的房地产市场过去没有出现过下跌（1%的可能性都没有），但是我们注意到其他资产类别确实出现过泡沫，而其他国家的房地产市场也出现过泡沫破灭，房价暴跌的情形。"

从这个角度看，英美两国的房地产泡沫破灭，企业盈利水平大幅下滑等事件不仅不是黑天鹅，而且是很白很常见的白天鹅。

周小川：
中国不高兴

中国终于向美国说“不”。肇始于美国的金融海啸，却被诬陷为中国过高的储蓄。央行行长周小川在2009年伦敦G20峰会前夜终于大声质问美国：你们把世界经济弄得一团糟，美元就是罪魁祸首，却一直没有承担应有的责任。

中国不高兴。在美国消费、中国储蓄的全球经济增长模式崩溃的时候，中国的美元资产遭受重大损失。美联储开动印钞机，中国存放在美国那里的财产不能由自己决定：就像一个储户把钱存进他自认可以信赖的银行，等到他想去取出来的时候，银行告诉他：很抱歉，由于经营不善，你的钱缩水了。

这样的故事让人无法接受。人民币和美元，中国和美国，在世界经济失序的金融海啸面前，正是抢占新秩序制高点的时候。

周小川一夜白发

周小川，这个两次拿过中国最高经济学奖——“孙冶方经济科学论文奖”，享受第一批政府特殊津贴的中国央行行长，2008年，日子过得极度艰辛。

这个伟大的国度，改革开放30年，面临一场百年不遇的金融海啸，作为掌舵宏观调控方向的船长，被质疑：没有踩准海浪袭来的节奏，对海啸的登陆后知后觉，以致当海外已经陷入流动性紧缩，国内还在收缩流动性。2008年第四季度的经济急剧萎缩让周小川压力很大。

一夜之间，周小川满头白发。在2008年年底的那段岁月，周小川的白发是中国应对危机心力交瘁的例证。

2008年9月，当金融海啸的第一波登陆广东东莞这个世界工厂的时候，大家才突然醒悟：通胀已经不是关键的问题。由此引发了货币政策饱受争议的一年。

危机来临之前总有征兆，但没有人看得出来。2007年，我国经济增长率攀升到13%。2008年初，为防止经济增长由偏快转为过热、防止价格由结构性上涨演变为明显通货膨胀，周小川领导的央行执行了从紧的货币政策。

从经济运行情况看，2008年第一季度CPI涨幅为8%，工业品出厂价格涨幅一直升至8月份10.1%的高点。其间大宗商品价格居高不下并屡创新高，特别是国际原油价格在7月份达到每桶147美元的历史高点。全球普遍面临较强的通货膨胀压力。没能洞察先机的中国企业纷纷签订油价走高的“对赌协议”，奋不顾身买进各种资源性商品。

于是，在2007年6次提高存贷款基准利率的基础上，2008年上半年央行针对“双顺差”继续扩大、外汇大量流入的态势，五次提高存款准备金率共计3个百分点，冻结的流动性大约占新增外汇占款所吐出流动性的70%。

但事情的变化不在周小川的掌握之中，全球通胀的急转直下几乎没有人能料到。2008年9月15日，一个令华尔街刻骨铭心的日子，雷曼兄弟倒闭了，美林证券被收购了。这一天标志着金融海啸真正向实体经济呼啸而来，世界所有的金融机构岌岌可危。

就在雷曼倒下的第二天，中国降息了。9月15日，央行宣布从2008年9月25日起，除工商银行、农业银行、中国银行、建设银行、交通银行、邮政储蓄银行暂不下调外，其他存款类金融机构人民币存款准备金率下调1个百分点，汶川地震重灾区地方法人金融机构存款准备金率下调2个百分点。

9月16日，央行决定下调金融机构人民币贷款基准利率。金融机构1年期贷款基准利率下调0.27个百分点，由7.47%下调至7.20%，其他各档次贷款基准利率相应调整。同时下调个人住房公积金贷款利率。5年期以下由4.77%下调到4.59%，下调0.18个百分点；5年期以上由5.22%下调到5.13%，下调0.09个百分点。存款基准利率保持不变。

2007年6次加息的恶果在158年历史的雷曼倒下的那一刻塞进了周小川的嘴里：错了！错了！就像在拉斯维加斯赌博，以为赢了很多实际陷得更深。

中国宏观调控紧急着陆。分别于9月25日、10月15日、12月5日和12月25日四次下调金融机构人民币存款准备金率。其中，大型存款类金融机构累计下调2个百分点，中小型存款类金融机构累计下调4个百分点。

9月15日之后，央行先后五次下调金融机构存贷款基准利率。其中，1年期存款基准利率由4.14%下调至2.25%，累计下调1.89个百分点；1年期贷款基准利率由7.47%下调至5.31%，累计下调2.16个百分点。

两次下调央行对金融机构的存贷款利率，其中法定准备金和超额准备金存款利率由1.89%和0.99%分别下调至1.62%和0.72%，1年期流动性再贷款利率由4.68%下调至3.33%，1年期农村信用社再贷款利率由3.96%下调至2.88%，再贴现利率由4.32%下调至1.80%。

但灾难已经难以挽回。在2008年下半年，充斥媒体的猜测是：究竟有多少企业会倒闭。一个个统计数据被公布又被推翻，谁又知道多少企业因为2007年无节制的加息被拖垮？

一个被经常引用但死因复杂的故事让国人对这次金融海啸心惊胆战。2008年10月15日，世界最大的玩具制造企业之一东莞合俊玩具厂的6500名员工失业了。无法继续经营，合俊向法院提出自行清盘申请。

2008年6月，合俊集团总资产8.36亿元，总负债5.32亿元，其中流动负债便达5.3亿元；净负债比率为71.8%，较2007年底的41.9%为高。合俊的困难已经暴露无遗。最近一次合俊公布中期业绩，股东亏损2亿元，每股亏损0.44元，不派中期息。

无法支撑的资金链，从7月开始，工厂就有倒闭的迹象。工厂开始将一些资产转移。而工资发放也不正常。以前每个月都是25日发工资，但是倒闭之前宝山工厂8月以来的工资还未发，银洋工厂9月以来的工资未发。原来许诺是5日发，后来又说15日发。开始找借口拖欠工资。

资金链的紧张或许从2007年就开始了，当年9月，合俊决定买入福建天安矿业股份，开始进军矿业。其时距合俊上市只有1年，股价还处于低迷。

当时就有业界人士称，此次收购总代价在1.33亿元至4.1895亿元之间，合俊根本未能收回成本，进军矿业反而让其陷入困境。

硬着头皮撑了一年，刚好又迎来次贷危机向实体经济蔓延，以欧美为出口目的地的合俊订单有所下滑。

于是2008年8月，合俊决定进行第三次配股，以每股0.293元配售9209.6万股，集资约2680万元，同时以2700万元出售其在清远的一块土地。但这对于缓解断裂的资金链来说无疑是杯水车薪。

新光大控股评论认为，市场剧变，没有给类似于合俊这样的厂商转型的时间和空间。在工厂倒闭的前夜，合俊依然和其同舟共济10多年的供应商磋商，但在信贷萎缩的今天无法找到新的资金来源。

10月17日，合俊集团（2700.HK）向香港高等法院提出自行清盘申请。法院随后委任临时清盘人。其临时清盘人表示，合俊集团尚未清盘，并希望令其厂房重新运作，以求套现支付员工欠薪。作为次贷危机中第一个倒下的大型中国制造企业，合俊的悲剧只引来一声叹息，社会将为它埋单。

从通胀到通缩，急剧变化的经济形势让这位最优秀的经济学家——“人民币先生”周小川一夜白发。经济学帝国主义轰然倒塌：我们原以为凯恩斯的宏观调控可以熨平经济波动，但实际上我们还很肤浅。

2009年4月，周小川在博鳌亚洲论坛年会上自己黯然总结：“我们很难说在历史上非常罕见的危机冲击之下，事先能把所有的政策，所能导致什么样的变化，什么指标能产生什么样的变化全部计算得清清楚楚。

我不知道，我自己是没有这个本事的。”

为人民币崛起而战

风云变幻已经无可避免，关键是谁能在变幻莫测的新世界里获得制高点。

2008年宏观调控一役周小川难洗其辱，2009年危机之中再图励治。危机从美国的肌体开始腐化，说不定也是中国的机会。美元会不会在这次百年不遇的海啸中衰落？周小川算计着人民币崛起的可能。

2009年3月23日，出征G20伦敦峰会前夜，央行行长周小川“写了一封信给美联储主席伯南克”，周小川在央行网站上高调地发表了《关于改革国际货币体系的思考》一文，着重提出发挥“特别提款权”的作用，创造一种与主权国家脱钩并能保持币值长期稳定的国际储备货币，从而避免主权信用货币作为储备货币的内在缺陷。

虽然周小川没有提到美元，但强调特别提款权意味着希望不堪重负的美元让贤。周小川将特别提款权视作“为国际货币体系改革提供了一线希望”。

文章开篇就尖锐指出：“此次金融危机的爆发与蔓延使我们再次面对一个古老而悬而未决的问题，那就是什么样的国际储备货币才能保持全球金融稳定、促进世界经济发展。”

接着周小川做了一个重要判断：此次金融危机表明，这一问题不仅远未解决，由于现行国际货币体系的内在缺陷反而愈演愈烈。

随后周小川不点名批评“美元”：从布雷顿森林体系解体后金融危机屡屡发生且愈演愈烈来看，全世界为现行货币体系付出的代价可能会超出从中的收益。不仅储备货币的使用国要付出沉重的代价，发行国也在付出日益增大的代价。危机未必是储备货币发行当局的故意，但却是制度性缺陷的必然。

市场人士认为，这是有史以来中国高层对美元主导的货币体系最严厉的批评。

“世界经济不太平的根源是什么？不是其他，主要的根源是当今以美元为主导的国际货币体系有问题。”作为国家重要智囊团成员，国务院发展研究中心金融研究所所长夏斌呼应了周小川的观点。

“目前的危机绝对不是简单的经济周期的异常表现，也不是过去那种局部性的危机，而是对过去近半个世纪以来，美国主导的国际货币体系各种矛盾积累的一次大清算。”夏斌指出，这场危机是信用膨胀的危机而不是生产过剩的危机。

“美国购买国债意味着其主动放弃国际领导者的责任，意味着美元霸权的结束。”经济学家杨帆也愤慨地表示，美国正在制造全球通胀，让全世界为它报销经济衰退，美联储是在“耍流氓”。

事实上，由于2009年3月18日美联储宣布用美元购买国债，严重打击了投资者对美元的信心，美元指数创下了1985年以来的最大单周跌幅4.4%。

对于美元地位的反思，中国并不是第一个。联盟正在悄悄形成，俄罗斯在G20提交的检讨美元作为全球独大的储备货币地位的提案，获得金砖四国中其他国家（巴西、印度及中国）的支持，同时韩国及南非也赞成此提案。甚至欧元区的大佬也对美元有意见，欧元区国家把国际金融危机看成是撼动美国在国际货币体系中核心国家地位的重要机遇。

为人民币崛起而努力。事实上，人民币近期的版图扩张很明显。金融危机以来，央行先后与韩国、中国香港、马来西亚、白俄罗斯、印尼等周边经济体货币当局建立了总计6500亿元人民币的3年期双边本币互换安排。

中国也在积极推动清迈倡议多边化，为本地区的经济金融稳定提供资金支持。在东盟10+3框架下，各方已签署了17份双边货币互换协议，总金额1180亿美元。其中，人民银行与日本、韩国、印尼、马来西亚、泰国和菲律宾的中央银行签署了6份双边货币互换协议，中方承诺出资额为165亿美元。

人民币要成为全球重要的国际货币，将会经过两个阶段。第一个阶段，人民币一定要成为全球贸易可以接触的货币。对此，周小川正在采取有效的步骤，包括鼓励上海与深圳等五城市人民币结算试点、双边贸易人民币结算、多国央行的货币互换等等。这些都是在区域内来实现人民币的贸易结算，没有人民币贸易结算，就很难有人民币储备性存在。

第二个阶段，人民币不仅是一个贸易结算货币，还是国际性储备货币之一。从不完全兑换到完全可兑换，是一国汇率机制改革所能实现的，而从可兑换货币到国际储蓄性货币，那是市场选择的结果。一国货币的国际化，对货币发行国的宏观经济结构和金融体系会带来全面深刻的影响，其中最为明显的就是货币发行国的资本流动和贸易结构会有明显变化，金融市场特别是资本市场要有足够大的规模，而且结构必须均衡，没有这些条件，人民币要作为储备性货币也是不可能的。

从历史上看，早期的英国和其他欧洲大国、20世纪五六十年代的美国、六七十年代的日本以及80年代的韩国和台湾地区，都是在经济飞速发展和国际贸易积累大量顺差的时候开始其货币国际化的。中国现在正处于类似的阶段，确实是将人民币推出国门的好时机。

但货币国际化是一个渐进的过程。从国际经验来看，金融及外汇市场和制度的改革通常与资本项目自由化同步推进。日本从1970年左右允许外资进入国内证券市场和国内资金投资国际证券市场，1973年开始汇率制度改革，到90年代才基本完成资本项目可兑换，其国内的金融改革直至本世纪初仍在进行。韩国1981年放开国内外证券投资，1990年开始汇率制度改革，2002年才完成资本项目下的完全可兑换。这表明，日本和韩国资本项目从开放到基本完成历时20余年。

全球失衡的“美元陷阱”

人民币正陷入一个“美元陷阱”。在人民币梦想崛起的时候，过去存在美国的储蓄正被一场阴谋强取豪夺。

北京大学的迈克尔·佩蒂斯教授认为世界已被划分成两大经济阵营：一是拥有消费金融和高消费弹性体系的国家，如美国；二是高储蓄和高投资国家，如中国。西班牙、英国和澳大利亚是美国的迷你版，德国和日本则是当代中国的成熟版。

在两年前的那个世界，中国可以储蓄多过投资，并将多余的储蓄在美国消化掉，然而这样一个世界已经消失了。

2008年诺贝尔经济学奖获得者克鲁格曼说，在金融危机的早期，爱说笑的人曾调侃我们和中国之间的贸易总算趋于公平而平衡了：他们卖给我们有毒的玩具和受污染的海产品，我们出售给他们欺诈性的债券。

在最近10年的头些年，中国对外贸易顺差很大，并开始吸引大量境外资本的流入。如果中国像加拿大那样实行浮动汇率，人民币就会升值，中国的出口增长速度会得到减缓。然而，中国却选择固定人民币与美元的汇率，为此不得不大量购买流入的美元。随着时间的流逝，贸易顺差继续增长，中国的外汇储备也跟着与日俱增。

在积累大量回报率低的资产背后隐藏着某种策略吗？大概没有！中国拥有两万亿美元的外汇储备——中华人民共和国俨然已成了美国公债共和国——像当年英国建立起日不落帝国一样：都是无意间造成的。

然而似乎就在那一天，中国的领导人一觉醒来，发觉自己面临着一个难题。其资产的70%是以美元形式持有的。这就意味着，美元一旦贬值，中国将面临巨额资本流失。因此，周小川提议以国际货币基金会用来记账的特别提款权为基础创造一种新的储蓄货币。

克鲁格曼认为，周小川G20前夜的讲话本身实际上是对弱势的承认。实际上，周先生说，中国已把自己推入“美元陷阱”，而且它本身既不能自拔，也没有改变造成其陷入这个陷阱的原始政策。

美联储当前政策的实质就是印钞票。如果货币的供给是无限的，这种货币就没有价值。由于美元供应的急剧增加，中国所持有的美元资产实际已经贬值。这正如股票价值，即便由于某种原因股票价格指数仍未下跌，由于股票供给量已经大量增加，股票持有者手中股票的价值实际上已经贬值。一旦美元贬值，中国的外汇储备就会遭受巨大资本损失。

中国之所以持有美元资产，是因为我们相信美元是可靠的价值贮藏。我们之所以购买美国债，是因为我们相信美国国债可以带来比国内投资更高的回报。但结果却是——用克鲁格曼的话来说——陷入了“美元陷阱”。

中国究竟是怎样跌入这个陷阱的呢？上世纪90年代中期之后，特别是在亚洲金融危机之后，国际资本流动的格局发生重大变化。这种变化的最重要特征，是东亚国家官方外汇储备急剧增加。更引人注目的发展是中国的“双顺差”和外汇储备的相应增加。

根据经济学家余永定的研究，美国经济学家杜里、弗斯特•兰道和嘉保提出的所谓“BW2理论”(布雷顿森林体系2理论)有力地解释了当时这个促进全球经济繁荣的增长模式的形成。

根据这一理论，中国为了解决本国的失业问题，必须依靠出口市场，必须维持大量贸易顺差。为此，中国必须保证人民币对美元的稳定(盯住美元)。

在这三位美国经济学家看来，中国(和其他发展中国家)解决就业问题的需要(其引理是中国对外国市场，特别是美国市场的依赖)使得以固定汇率为特征的布雷顿森林体系在事实上得到恢复。BW2理论也因此得名。

在存在顺差的情况下，为了维持人民币汇率稳定，中国不断干预外汇市场。其结果当然是中国外汇储备的不断增加。

BW2是否可以持续呢？他们的回答是肯定的——中国有贸易顺差，美国有贸易逆差；中国出口商品，美国出口借据(或作为储备货币的美元)；中国积累债权，美国积累债务；中美双方互利互惠、各得其所。这三位经济学家断言，BW2至少可以再维持10年。

BW2确实在一定程度上是存在的。关键问题是，BW2是否真的像其提出者所断言的那样，至少在未来十年内还将继续下去？

2月10日，央行行长周小川借马来西亚央行高级研讨会之机，系统阐述了中国对储蓄率问题的看法，回应了美国财长保尔森卸任之前的“中国的高储蓄率是全球金融危机主要原因”的攻击，这也是高层少有的对外界批评的正面回应。

过去的模式已经终结，周小川认为，解决储蓄失衡问题，需要综合药方。尽管高消费—低储蓄的经济增长模式难以持续，但当下并非美国提升储蓄率的最佳时机，还需同时平衡刺激消费和恢复经济增长。

周小川坦言，合理引导储蓄盈余更多地流向发展中国家和新兴市场经济体。新兴市场的储蓄流向发达经济体既不合理，也不符合后者寻求增加储蓄的愿望。

“当一些国家储蓄增加时，如表现为美元外汇储备，就不可避免地使资金流向美国。虽然美国为克服金融危机短期内仍需资金继续流入，但长期看，美国要调整经济增长模式，并不希望资金都流向本国。”看到了全球失衡，看到了“美元陷阱”，但我们还是绕不开，周小川的话带着无奈。

谁让国际贸易和金融交易计价结算大部分都集中于美元，美元是最重要的国际储备货币？美元一天统治世界货币，中国就难以从“美元陷阱”中爬出来。

信贷埋下的又一个地雷

如果说2008年的宏观调控失误情有可原，2009年上半年7万多亿元的信贷投放引致的下一轮重复建设、经济过热等问题很多人都预见了，但都无能为力。市场预计2009年全年放贷将超过10万亿元。

央行副行长易纲发表文章力排众议：总体而言，金融危机情况下的货币信贷较快增长利大于弊。

有利的方面，一是基本打掉了通货紧缩预期。二是有利于稳定资产市场，近期股指涨幅较大，房地产市场上房价、交易量、交易额也出现回稳迹象。三是加速了企业存货周期的调整。如果企业尽快结束去库存化行为，使存货进入正常状态，将有利于恢复生产，促进经济周期的调整。四是增强了公众对于中国经济保持平稳较快增长的信心。

但市场人士认为，中国实际上并没有在产能严重过剩时期进行宏观调控的经验，甚至和1998年相比，目前的产能过剩程度、外需格局都与十年前有着很大的差别。

当前的经济刺激方案实际上是原有增长模式的延续和放大，在产出分配失衡衍生出的过剩经济时代，政府及特定主体（优先获得信贷、受益于货币增发的主体）信用规模的扩张能够在一定时间内拉动总需求，却无法形成良好的收入—消费循环，即经济扩张带来的产出分配会进一步趋于集中。

当前宏观调控措施对经济健康发展带来的副作用在于投资效率下降、需求结构异化、劳动力相对价格下滑，甚至可能意味着经济增长对财政货币的惯性依赖。

央行显然也注意到信贷快速增长的可持续性问题和可能带来的负面影响，表示要“严格控制对高耗能、高污染和产能过剩行业企业的贷款”。但这一切在“大干快上”的瓜分信贷的盛宴中，能起多大的作用？

史蒂芬·罗奇：

中美共生模式可能为高度紧张的局势替代

对于中国问题，有些人从不吝啬泼冷水，史蒂芬·罗奇就是其中一个。罗奇现任摩根士丹利亚洲主席，在出任亚洲主席之前，罗奇是摩根士丹利的首席经济学家，他被誉为最了解亚洲经济的专家之一。或许不是他的预测多么准确，而是他一向坚持说实话。2009年初摩根士丹利发布《关于资本主义未来的辩论》，听一听他很直接的观点有助于我们更清楚地认识问题。

全球失衡　除了促进消费中国别无选择

问：全球经济失衡（美国对中国和日本储蓄的过度需求）应当如何解决？

罗奇：道理很简单：花钱的应当开始存钱，存钱的应当开始花钱。当然，说来容易做来难。当今世界压根就没有胃口（比如政治愿望）来担当起全球再平衡的重任，因此执行是问题所在。

重要的是，强大的市场力量已经点燃了内生再平衡的星星之火，从而开始了这一过程的初始阶段。房地产、股票以及信贷泡沫的同时破灭，正在迫使美国家庭的储蓄策略从基于资产转向基于收入。7700万“婴儿潮”一代人已经开始步入老年——他们中的第一批已经于去年开始退休。随着规模巨大的一代美国人开始面临紧迫的退休保障问题，这一调整的紧迫性日益突出。

在中国，巨大的外需冲击，已经使以出口为主导的经济增长战略面临严重的问题。如果美国消费者的支出持续多年萎缩，并导致中国外部市场增长的持续减速，那么中国的政策制定者除了加速向日益以消费为主导的、更平衡的增长模式转型之外，将别无选择。在此意义上，对于中国而言极为重要的，是最终出台相应政策，扩大其社会保障的覆盖范围——尤其是社会保障、私人养老金、失业保险与对教育和医疗的公共支持。

问：在西方消费者需要修复其资产负债表的情况下，你认为亚洲在今后两年内能否实现增长？具体来说，你认为在全球需求不断蒸发的情况下，中国经济能否保持活力？

罗奇：鉴于美国消费将有一个持续多年的萎缩，再加上欧洲、日本以及其他发达国家私人消费的持续低迷，以出口为主导的亚洲发展中国家无疑将面临挑战。

考虑到亚洲对出口依赖度的大幅增加，这些挑战只会更加严峻。在过去的10多年里，亚洲发展中国家的出口占GDP的比例从1997—1998年的36%上升到2007年的47%之高。这一战略在全球贸易繁荣时非常有效，但是现在泡沫破裂了，亚洲受到的打击极为严重——除了制定新的增长战略之外，它已别无选择。

对于亚洲而言，答案是显而易见的——现在就开始，担当起结构性再平衡的重任，并刺激国内私人消费。最明显的是中国，它的私人消费占GDP的比例已经跌到有史以来最低的36%左右。

与此同时，亚洲发展中国家仍将保持增长——其动力主要来自现行的以基础设施为主导的投资，而非私人消费的最佳增长。我怀疑这一地区未来几年的平均增长率在5%左右——仅为危机前正常水平的一半，不足以防止失业率的进一步上升。对于一个长期以来一直对社会不稳定忧心忡忡的地区而言，这至少是一个令人不安的结果。它凸显了亚洲再平衡的重要性和紧迫性。

失败的不是资本主义，而是治理体制

问：如果自由市场没那么自由，可能不会造成那么大的伤害？

罗奇：目前的混乱深深植根于经济治理的意识形态，即美国近来出现的市场自由主义倾向。作为这一方法鼻祖的艾伦·格林斯潘在这一意识形态背景下做了美联储的大多数重大政策决策。

从这个角度看，资产泡沫并没因为堆积危险的过度投机而受到批判，相反，它们一直以来被认为是美国自由企业制度蓬勃发展的结果。上世纪90年代股票市场上的泡沫，被认为是在IT业生产力为主导的新经济的进步，这一令人瞠目结舌的说法居然也被合理化。房地产泡沫原被认为只是局部的，并不是全国性的——尤其是在处于低收入人群（次贷人群）自有住房不断增加的情况下。与信贷泡沫和与之相生相伴的风险泡沫充分证明了金融创新和美国创造力的本质。但市场自由主义者却王顾左右而言他，任由美国濒临一个接一个泡沫的边缘。

当然，泡沫中总会有一丝事实基础。但是泡沫过后，面对美国经济的残骸，我们需要用一个大大有别于过去10年间常规智慧的理由来解释这一切。同样，美联储对格林斯潘在位的那些年高调废除其监管职责也需要一个解释。

没有什么比美联储在区别金融工程和金融创新方面的失败，更能明确说明这一点。美联储非但没有扮演其广为人知的“减震器”角色，反而被戴上了“引发和传导”衍生产品爆发性增长的恶名，并成了跨国界、跨产品冲击波的致命传导机制。

意识形态蒙住了美国中央银行及其政治监督者的眼睛，使他们看不到强化纪律的重要性，并毫无必要地放任一个不受监管、越来越不稳定的自由企业制度脱离控制。我并不认为应该向你建议的那样，对市场的自由进行任何限制。我们所要做的只是提高警惕，防范它们可能引起的不稳定性，并认识到这种引起不稳定的调整对日益依赖资产的实体经济可能产生的影响。监管机构应在未来对市场风险更为重视。

问：美国的经济是一个依赖政府对金融系统的调控才得以退出的“混合”经济体制，难道不是吗？

罗奇：恰恰相反。在过剩时代，掌权的是自由市场主义者——他们掌握着整个权力体系，包括自律体系和不受约束的自由市场资本主义体系。在艾伦·格林斯潘的领导下，似乎没有什么人相信监管者的调控。

那个时代看起来已经结束了——至少目前看来如此。随着许多一度被奉为美国企业的骄傲和偶像的公司纷纷濒临破产和崩溃的边缘，政府的紧急干预已经成为本次危机中的一个常态。这更接近于你刚才暗示的那个“混合”体制。正如我以前所说的，真正的问题是使病人摆脱对这些抢救措施——也即政府干预——的依赖，而不至于引起病情的反复。

问：在目前的这个形态里，资本主义失败了，未来它还将再次失败。如果一个体制的唯一目的是为少数人积累财富，那么这就是一个毫无价值的体制。

罗奇：失败的不是资本主义，而是用于管理资本主义制度的治理体制。或许我应当这么说，是自律治理的缺失。修好这一环，资本主义就不会有事。

复苏现在看来几乎是一个噩梦

问：在你看来，危机已经结束，经济即将复苏的最初迹象是什么？你是否认为本次危机结束相当长一段时间之后，经济才会开始复苏？

罗奇：我也希望事情会这么简单——一个神奇的指标出现了拐点，随即危机的结束就在眼前。这是一场非常复杂、杀伤力极大的危机，包括多个动态的组成部分。它的第一阶段由2007年夏天开始的次贷危机引爆，一场跨产品危机迅速蔓延至信贷市场的其他产品。此外，由于衍生品爆炸的“起始及扩散”技术特性，有毒资产最终传染了全世界。“既跨产品又跨境”传染的双重作用造就了一场真正的划时代危机。

危机的第二阶段反映的，是资本市场受到传染之后对依赖于资产的经济实体面的影响。依赖于资产的美国消费者首当其冲，但是随即，世界其他地区——特别是亚洲、欧洲，现在还有拉美——以出口为主导的经济体也纷纷受到影响。“脱钩”的梦想正在于此——这绝非一个好梦，现在看来几乎就是一个噩梦。

危机的第三阶段涉及一个不断恶化、在真实商业周期与金融机构的信贷质量之间的负面信息反馈链——后者正是在第一阶段遭受信贷市场危机冲击的同一批金融机构。目前，这一阶段正在报复性地展开。不幸的是，这三个阶段通常相互滋生，从而导致极难打破的恶性循环。

政客、政策制定者、媒体和许多商业领袖一直在争辩，这主要是一场信任危机。只要我们多点笑容，多说好消息，那个恶性循环就会奇迹般地变成良性循环——最坏的时候就会过去。就像我前面所说的，我也希望事情会有这么简单。

不要指望共生　紧张局势与日俱增

问：亚洲的债权国会不会停止借钱给美国？

罗奇：对于沉陷衰退之中的世界而言，“直升机本（本·伯南克）”异乎寻常的放松银根举措不会产生你想象中那么严重的问题。考虑到全球经济的停滞不前以及大规模的经济失衡，这些措施自然引发通货膨胀的可能性极小，同样，全世界买主拒买美元资产的可能性也很小。

不要忘了，世界经济在过去35年里保持了平均每年3.7%的增长趋势。这意味着，如果今年世界GDP正如包括我本人在内的许多人所料，降至1%的话，就可能与其长期潜力形成一个高达5个百分点的缺口。考虑到我预计经济的停滞将持续多年，我认为在接下来的几年中，全球输出的缺口还将进一步扩大——可能最高将达到全球GDP的7%—10%。

如此巨大的全球输出缺口暗示：我们非但没有立即面临通胀的风险，反而有可能面临较长时间的通缩风险。不过，如果这一缺口开始收窄，而各国监管部门又未能为其大规模的货币及财政刺激计划制定有效、可靠的退出战略，那么就很有必要担心通货膨胀了。但这些担心目前还很遥远——至少还有3年，甚至可能5年时间。

与此同时，我认为亚洲以出口为主导的盈余储蓄国不会停止借钱给美国。如果他们这么做，他们的货币就会升值，出口产品的竞争力就会被削弱，经济增长的一个主要动力就会受到威胁。不过，如果亚洲能够成功实现向消费主导的增长战略的转型，那它就将开始消化它的盈利储蓄，这样就没有那么多钱借给美国了。到那时，亚洲人就会真正有底气向美元资产提出更高的条件。在我看来，这些方面的共生性并没有那么强。随着美国及中国经济的演变及变化，转瞬即逝的共生状态很可能为高度紧张的局势所替代。缓解紧张的时机只在今朝——赶在为时过晚之前。

实际上，美中共生只不过是一种暂时的关系，它反映了双方利益的契合，但这种契合只能维持一段相对较短的时间。

第二部分 经济转轨

“通往地狱的道路由善良的愿望铺成”，在决策者的眼里，他们的初衷很好，但能不能达到美好的愿望，还要市场的检验。

经济转轨是目前中国最大的问题：1978年，从国门紧闭到改革开放，2009年，第二个30年的开年，此前过度依赖外国需求的经济模式出现了问题，在国际产业分工中处于最低端的中国工人已经无法忍受，新的改革如箭在弦。

但是方向在哪里？在某些人的眼里，奋争多年的民营企业的崛起出现了反复，4万亿投资的背后是“国进民退”的盛宴。但有些人发现了自己的蓝海，比如马云和沈南鹏。

作为一个观察者，克鲁格曼的傲慢与偏见证明，中国在这个地球的位置，或许并没有我们自己想的那么重要。2009年年中，首次访问中国期间，克鲁格曼在自己的博客上写道：“这确实和《迷失东京》里的感觉一样。我希望当中国再进步一些，它能改变一下观念，究竟一个演讲再加讨论应该持续多长的时间。2.5小时的演讲和讨论，每天两次，还有与无数商界人士和官员们的会面，有些折磨人了。是的，正如一些评论者注意到的，海报上确实写着‘伟大的预言家克鲁格曼中国行’。很尴尬。”

郎咸平：在“国进民退”的盛筵中狂欢

2009年4月9日，当头发已经苍白的顾雏军，在广东省高级人民法院低下他那高贵的头颅，接受最终的10年审判时，不知道他还记不记得2004年那篇震惊业界的檄文《格林柯尔：在“国退民进”的盛筵中狂欢》？

5年过去了，“郎顾之争”早已画下了句号，但“国退民进”还是“国进民退”的问题却愈加模糊。

2009年3月30日，武汉市中级人民法院对外发布公告，宣布已正式立案受理东星航空有限公司破产清算一案，国内最大民营航空公司的破产正式步入法律程序。

5年一轮回，也就是在郎咸平讨伐“国退民进”的大旗下，民营资本艰难潜入航空等垄断行业，但5年过去了，在金融海啸面前，拯救危机的借口让民营资本一剑穿喉。

郎咸平：你所想到的都错了

郎咸平在国内并不算第一流的经济学家，但他的出场费却比北京的那些学者高出两倍。他的经典开头是：你所想到的都错了！

这个散发着睿智光芒的独立思考的学者，让他在内地一炮走红的其实就是一篇檄文。

2004年8月6日，一档电视台节目《财经郎闲评》。在该节目中，郎咸平对顾雏军的格林柯尔收购美菱、亚星、襄轴等国有企业的资金来源及并购手法提出了质疑。

同年8月9日，在复旦大学题为“格林柯尔：在‘国退民进’的盛筵中狂欢”的演讲中，郎咸平公开指责顾雏军通过“安营扎寨、乘虚而入、反客为主、投桃报李、洗个大澡、相貌迎人以及借鸡生蛋”等“七板斧”，将巨额国有资产纳入囊中。由此，他强烈建议，国家应该“停止以民营化为导向的产权改革”。

郎咸平认为，这一事实再次表明，2004年进行的产权制度改革并不能真正使国企走上正路，而只是民企瓜分国资的一场“盛宴”。

“郎顾之争”由此展开，却以顾雏军的锒铛入狱自然终结。

“当年顾雏军在‘科龙改制’中途，乘着‘国退民进’的东风，带着自己的神秘资本突然降临正处于危机之中的科龙，将‘新民企’的资本与中国家电企业长期痛苦的产权问题结合：科龙易帜，大股东顺德政府套现退出。此后顾驾驶着‘资本绞肉机’从冰箱产业开到客车产业，不断复制他入主科龙的经验，一路攻城拔寨。反思其成功之路，很大程度上归因于他对中国政经大局中‘国退民进’机会的把握。”

“一度摇摆的‘国退民进’政策一朝开始急风劲吹，这带来两个方向的变化，一个是长期滞后的产权改革可以大规模突破。一个是上个世纪80年代以来，打着新‘洋务运动’旗号，中央和地方大规模重复技术引进、组建家电企业所导致的群雄割据历史可以终结。‘民企参与国企重组’一时成为主流的话语，体制变动突然带来饕餮盛宴。顾雏军利用这些地方政府急于加快国企退出的思路，将收购与改制打包在一起，玩一把双方互惠互利的双赢游戏。”

郎咸平在《格林柯尔：在“国退民进”的盛筵中狂欢》一文中这样描述后来被大量引用的“国退民进”。

郎咸平勇敢地批驳顾雏军对冰箱业的整合，得到了中国专家学者和政府官员的赞美之声。甚至有人将他诩为中国的摩根。我们不排除顾雏军的殚精竭虑和运营管理的成效，但是换个角度，我们看到的则是在“国退民进”大潮背景下，一个长袖善舞，精于运作的顾雏军。难道顾雏军模式就是我们经济改革十余年来所期望的“民营企业家”吗？如果顾雏军就是中国民营企业家的典范，那我真要为中国的未来而哭泣了。

顾雏军模式如今已时过境迁，但郎咸平的质问仍旧回荡耳畔：我们的民营企业家路在何方？

“国进民退” 东星航空之殇

郎咸平还在内地四处演讲，照样语惊四座，照样风采逼人。2009年年中，在“国进民退”的大潮中，郎咸平表示了自己的担心：“我担心把占据了中国90%就业的民营经济资源挪到了所谓的公共部门去。甚至把整个社会资源从民营经济体系中转到国有经济体系。我本人倒不是反对国有或者民有，更主要的是资源要更有效地配置。”

2009年3月30日，武汉市中级人民法院对外发布公告，宣布已正式立案受理东星航空有限公司破产清算一案，国内最大民营航空公司的破产正式步入法律程序。此前，同属民营航空队伍的奥凯公司一度停航，而最早拿到民营航空牌照的鹰联航空3月17日已经被国企四川航空重组，成为国有控股公司。

东星从天上栽到地上，只用了一千多天。2004年春天，时任民航总局局长的杨元元在一次新闻发布会上透露，第一家民营航空公司鹰联航空已获准筹建。当时正以东星国际旅行社为平台，构建“大旅游”版图的兰世立看到了商机，迅速面见杨元元表达了想做民营航空的想法。当时湖北省政府正有意将武汉打造成中部航空枢纽港，力挺兰世立。

对于中国的民营航空来说，2005年绝对是值得浓墨重彩的一年。当年3月11日，内地首家民营航空公司——奥凯航空有限公司的BK2811航班从天津滨海国际机场起飞。7月18日，春秋航空有限公司顺利实现首飞。7月26日，鹰联航空有限公司首飞成都至深圳航线。同时，华夏航空、东部快线、东星航空三家公司已经获得批复。

2005年6月，兰世立拿到了中国民航总局批准筹建东星航空公司的批文。这成为华中地区第一家获批的民营航空公司。随后，兰世立用东星航空注册的8000万元资金，撬动了20架价值120亿元的飞机，资本的杠杆撬动了世界。

经过两年多的折腾，2006年5月19日，东星航空的飞机从武汉天河机场腾空而起，标志着当时中国第四家民营航空公司成立了。

当初，东星航空的诞生可以说是民航业界的神话，从获批到开飞仅仅用了9个月时间。当时的媒体将这位“大学刚毕业骑着自行车借钱创立自己的公司，一年半后就坐拥数千万资产；26岁就拥有奔驰宝马数十辆轿车”的“少年总裁”捧上了天。

2005年，《福布斯》把兰世立列为中国富豪榜第70名。《福布斯》评价说：“这是中国新一代富豪的典型代表，是一位善于同国际资本打交道的人。”他一个人拥有东星集团100%的股份，被称为目前中国“最大的个体户”。

有人说，从飞机腾空而起的那一刻开始，兰世立从来都没有清净过。

步履维艰，从趟上航空这摊浑水以来，兰世立每一天都要勇敢面对。公司创立伊始，就遭受各种围追堵截。2006年5月9日，东星航空首航前十天，东星在媒体发布广告称：首航期间，“买机票赠港澳游”，港澳双飞5日游等4条线路的报价都比市场价要低700至800元，仅要999元（不含小费和自费项目）。一天之内，港澳游报名人数超过1000人。

5月15日，在武汉地区经营的国航、东航、南航、上航、海航、深航、厦航和山东航组等八大航空公司召集机票代理人，发出4条禁令，联手应对东星：不允许东星航空机票签转联程，各代理点不准销售东星机票，各旅行社不允许帮东星订票，各景区驻汉办事处不得帮东星订票。八大公司强调，如违反禁令，各代理点及旅行社就拿不到这8家公司的机票。

这场八大航空公司围剿东星的闹剧虽然没能延续多长时间，但可见航空领域的险恶。从那一天开始，兰世立就在夹缝中求生存。

2006年9月2日，五大民营航空公司领军人物——春秋航空董事长王正华、吉祥航空董事长王均金、东星航空董事长兰世立、鹰联航空董事长李继宁和奥凯航空首席执行官刘伟宁秘密在成都结盟，捍卫民营航空的利益。

2006年12月，东星航空运营半年，东星航空发布信息称通航半年销售收入1.35亿元，实现利润630万元；2007年5月19日，东星航空再次发布消息，称开航一年营业收入近2.81亿元，利润达1137.35万元。然而在这些纸上的利润背后，东星航空的财务一直很拮据，甚至大幅举债。

湖北机场集团人士说，东星航空从2005年开航到2009年初，从来没支付过包括飞机起降费、旅客过港费、房屋租赁费等费用，东星航空累计欠费超过6000万元。此外，除湖北机场外，杭州萧山机场、深圳机场、云南机场、中航油等亦声称东星航空欠下他们巨额费用。东星航空并遭到杭州萧山国际机场“封杀”。

2009年3月12日，当年主动向东星航空示好的美国GECAS等六家企业，在北京聘请了律师，以债权人的身份向武汉市中级人民法院申请执行东星航空破产。3月17日，武汉市政府召开专题会议，透露东星航空已经亏损5个亿……

从2006年到2008年，民营航空的发展面临的问题也制约着东星，油价高涨、资金缺少、航线稀少、人才匮乏……东星甚至出现了“罢飞事件”，每一个问题都是民营航空不能承受之重。

在民航业2008年的寒冬中，全球航空业都遭遇了严重危机。民营航空整体财务表持续走弱，客座率迅速下降。为了维持经营，部分民营航空公司不得不挥泪降价，机票打折幅度也达到历史最低水平，有的机票价格甚至低于火车硬卧票。民营航空“吃螃蟹”的日子一点都不好过。

虽然注册一家航空公司只需要8000万元的资本金，兰世立也利用这一点进入了民营航空领域，但他还是难以玩转那价值120亿元的20架飞机，毕竟在8000万元之外，需要支付的东西太多，需要仰仗的东西也太多。

2009年1月19日，走到事业的又一个困境的兰世立深情地说，“感谢2008”。

“2008对于中国企业来讲是灾难，对于东星来讲更是灾难中的灾难……”

“雪灾、地震、奥运、残运、霍乱、油价暴涨、地产暴跌、国际金融海啸，所有的天灾人祸仿佛都是冲着东星来的，我们的地产、航空、旅游都首当其冲、惨不忍睹……”

“面对这一切，大家都认为东星完了！首先是外部压力越来越大，内部有几个人也被吓跑了，于是乎大家更为紧张！而我发现了我们面临挑战的同时，也会面临机遇，所谓灾难之时方见英雄本色，我一向认为，只有经历大风大浪的船长才会受人尊重，也只有身经百战的将军才会受人景仰。我们不得不感谢这千载难逢的2008年，它让我们从雪灾中看到了人情，在地震中感悟人性，一个好好的奥运、残运竟被人为地变成中国旅游及航空业的灾难，一个让人听而生畏被人们称之为‘人瘟’的霍乱，在现代社会都变得无足挂齿。油价暴涨、股价暴跌、地产暴跌造成一批企业倒下，也有不少站起来……”

“2008，听起来很可怕，但也只是弹指一挥间。这一年我们真的很苦、很累，但回想起来真的很甜、很美，因为我们这一年是在与天斗、与地斗、与人斗，也真的其乐无穷。这一年很难，但再难，我们的飞机仍一架又一架地回来了；这一年很难，我们的旅游塔仍如期开张了，这一年神农架滑雪场被造好了，我们建成了犀牛谷风景区，又一座五星国际大酒店建成了……”

“2008，这一年对于东星来讲是18年最艰难的一年，而我们遇上全世界百年未遇的金融海啸，中国百年未遇的雪灾，几千年实现举办的奥运，我们不足18岁都有能力抗战百年、千年难遇的灾难，这证明了我们的生命力有多么顽强！所以我们要感谢2008留给我们这样的机遇，我们真的很幸运，赶上了这样一个千年难遇的年份！”

最后一刻，兰世立还在苦苦挣扎，他告诫自己“如何应对危机”。

“要学会在不同的环境中寻找商机，尤其是在危机到来之时。巴菲特名言：‘在别人贪婪的时候恐惧，在别人恐惧中贪婪！’其中也蕴涵此道理。”

“危机来临是不是很可怕？我觉得不可怕，要寻找自己的商机。我觉得做企业的掌门人，就像船长一样，没有经历大风大浪很难成长也很难成为一个受人尊重的船长。同样，作为将军，只有身经百战的将军才是受人尊重的。”

“这次危机是很好的机遇，经历这场危机能生存下来是很了不起的事情。我想我们无论面对国际金融形势还是国内目前的现状，我觉得我们要看到机会来到，危难之时方显英雄本色。”

“我们原来想开辟成都、重庆航线，进不来。汶川地震给我们提供了机会，地震之后中国的王牌军空降军十五军进不来，听到这个新闻后我们马上向湖北省政府、省军区申请，告知我们的飞机可以盲降，申请用320飞机运送空降部队过去。我们的报告很快得到批准，三个小时就飞进来了，以前花了很长时间的努力也没有进来。就像当年的‘非典’一样，全国旅行社都关门，我们立足武汉，南下广深，北上北京去收购旅行社，‘非典’过后我们从不足十人的旅行社变成全国最大的民营旅游集团，正是‘非典’给我们带来良机。同样，亚洲金融危机时期，我们在香港、新加坡、澳门收购多家旅行社，使我们在东南亚地区奠定了较好的基础。”

在公司即将宣布破产的最后一刻，兰世立还在不相信会失败。他说：“现在大家说地震、海啸、海浪很可怕，我去年春节在澳洲的黄金海岸体会很深。大家是内陆人，看海少，当时觉得在海边看大风大浪很可怕，但是到黄金海岸发现所有的海上帆板滑翔要迎着风浪，黄金海岸有大风浪才能搏击，很有英雄的气概。有人看到风浪躲得老远，凡是有帆板的人都迎着海浪而去。”

“这场危机我们活着生存很重要，比生存更重要的是我们要寻找生存的途径，寻求更好发展。”

可惜，两个月后，生存对于兰世立的东星来说，已经是奢求。1030天。兰世立的东星航空坠落了。

产业振兴之外的民营资本困境

在国有垄断行业的堡垒中，民营资本打开航空业一角曾经给人多少憧憬，仅仅5年，民营资本在此役几乎全军覆没。航空业依旧是铁板一块。

而在另一个垄断领域，宝钢集团收购了宁波钢铁，山东钢铁集团招安了日照钢铁。贵为钢铁大鳄的张志祥、郭广昌、杜双华均黯然失意。

这一切，或许与2009年年初出台的十大产业振兴规划有关。2009年年初，国务院常务会议陆续审议并原则通过了汽车、钢铁、纺织、装备制造、船舶工业、电子信息、轻工、石化、有色金属产业和物流业等十大产业调整振兴规划。

除物流业之外，其他九大产业工业增加值占我国全部工业增加值的比重接近80%，占中国GDP总额的比重约为1/3。

十大产业振兴规划侧重企业并购与行业重组，以求更快速度推进行业结构性调整，优化资源配置。此次中央政府借十大产业振兴规划突出强调央企在行业整合与结构性调整中的主导作用，意图已十分明确。

为了提高央企的市场控制力，央企整合意在重点理顺产业链上游供求关系，特别是对有色金属、石化、钢铁等基础工业品。

这一切，本是中国经济转型的内在要求，但对于民营资本而言，却是一把锋利的剑：一不小心，就会被刺伤。

中国民（私）营经济研究会会长保育钧说，东星航空亏损了约5亿元，支撑不下去了，只能停飞。而一些国有航空公司豪赌燃油价套期保值，亏损额达数十亿元，却可以得到国家注资。

“这说明，国企享受着民企可望不可即的待遇。”保育钧说，因为体制的原因，这场危机中，国企不仅倒不了，反而可以趁机进行兼并，而民企便成了倒闭或被兼并的对象。这种趋势可能在接下来的一两年内还会强化，所以民企一定要有心理准备。

保育钧认为，改革开放30年，也是民营经济合法化的30年，但现在的金融危机有可能逼使民营经济发展出现倒退，所以，国企有必要退出一般性竞争领域，给民企让出生存和发展的空间。

“国进民退”在未来一两年还会强化，保育钧的预言估计会成真。“政府的投资计划对重工业和国有企业而言是阳光，却很难为轻工业和私营企业遮风挡雨，结果很可能加剧中国的重化工业倾向。”谈及2008年年底出台的“4万亿”计划，《财经》首席经济学家沈明高作此评价。

基建和住房建设占了投资大头，这意味着钢材、水泥、能源等以国有企业为主的行业将成为受益者，但更值得重视的是，在经济总体放缓的背景下，有政府全力护航的“国字号”项目更容易获得资金的青睐，本就饱受“贷款难”之苦的民营企业更受冷落。东星对于国航的收购抵制，是个体的求生挣扎，也是集体的不甘抗争。

在这场“国退民进”潮中，最突出的就是垄断行业。尽管国务院2005年就提出“非公经济三十六条”，给予民营企业应有的国民待遇，包括允许非公有资本进入金融、电力、电信、铁路、民航、石油等垄断行业。但事实上，“非公经济三十六条”被束之高阁，这些垄断行业离民营资本还远着很。

对此，著名经济学家厉以宁说，非公有制经济是在不成熟的法律和市场环境下成长起来的。目前在市场准入方面仍遇到“玻璃门”现象，主要原因是：一些垄断行业由于利益关系，不愿意非公有制经济进入，总想拖延；国家面临一些产业的“产能过剩”问题，因此限制非公企业进入；国家还没有出台各行业进入的技术标准。但从长远来看，“国进民退”、“国退民进”都不对，应该是国有资本和民间资本平行发展的趋势。

郎咸平自己后来又说：国退民进、国进民退都有偏差，更为重要的是给民企更好的投资经营环境，对民企做到真正公平、公正，只有这样民企才能更好地发展。

刘永好：
民营企业说垮了就垮了

大江东去，浪淘尽，千古风流人物！对于民营企业来说，或许是“富不过三代”，甚至连一代人都难以维系。民营企业敢问路在何方？

新希望集团董事长刘永好是一个成功的民营企业家，他是十一届全国政协委员、全国政协经济委员会副主任，2001年《福布斯》将刘氏兄弟评为中国内地首富。作为民营企业30年艰辛前行的代表，刘永好一直为民营企业的生存空间抗争。2009年年中，笔者与刘永好关于目前民企的困境有一番交谈。

更多的农民工向往城市不愿回去

问：作为实业家，你对经济形势的判断是怎样的呢？

刘永好：我们对中国的农村经济比较了解。中国是农村经济、人口占了很大比重的国家。所以，中国农村的好坏在一定程度上会影响中国经济的格局。前几天，我在一个会议上也谈到这个事，中国经济有逐步转好的迹象，股市上涨，房市出现小阳春，而且国家拉动的相关产业也开始复苏，家电下乡等跟生活、内需相关的产业发展总体不错。

各种各样的生活原料价格在上涨，如石油及跟石油相关的化工原料也在调整。这些跟生活相关的产品或原料都出现了积极的变化，投资拉动也出现了好转。是不是走出低谷则很难说，中国是出口导向型经济，出口增量并不大。而且，美国、欧洲的进口量跟最少的时候比虽然有所增长，但量并不大。美国经济毕竟是龙头，目前看他们还不能说是触底了。这种危机已经从金融转到实体，他们遇到的困难使得金融秩序发生了混乱。很多公司就要还债了，新增贷款则由于金融和银行体系的混乱，使取得新增贷款的难度加大。实际上，对实体经济的冲击是很大的。

同时，欧美的信心还未恢复。我们是节约型的；而他们今天挣的钱，昨天已经被花了，杠杆的比率比较大。我们相对小，因为很多人今天挣的钱放在明天来用。所以，我们和欧美抵御困难的风险完全不一样。所以，中国比其他国家受的影响要小一些，恢复也快些。但是真正的恢复还是要看美国、国际环境。我觉得还会有波动和反复。

问：2009年经济不好，很多农民工返乡，有人建议提高农产品价格，吸引他们留在家乡，避免在城市争夺资源，你怎么看？

刘永好：中央连续六个一号文件，谈到“三农”是重中之重。现在中国城市经济发展的速度相对快，而农村发展相对慢。新的一年，农村经济发展相对慢了。而在这种格局下，有大量的农民工进城。有的已经永久性地住在城里，有的则是阶段性的。随着城市和农村的差距扩大，更多的农民工向往城市。年轻人到城里后，接受的是文化的熏陶，他们喜欢享受改革带来的成果，他们不愿回去。在这种情况下，如何加速农村的城镇化？农村城镇化留下来的新的空间由谁去填补？大量的农民进城务工而且不回来了，变成新的城市人。有的农民工回乡创办企业，要有龙头企业带动扶持，有金融机构提供服务。这一系列的体系运行，他们做产业链、做规模、做销售，所有这些就构成了中国农村经济的转型。

农村转型有两个方面，一是农村人口的城市化，二是城市化带来一种规模化、现代化的农村经济，提高农民收益。现在国家也在支持这么做，现在看起来效果是蛮不错的。所以我们争取用五年的时间，打造世界级农牧企业的目标。我们做的事，能跟国家、社会、产业转型结合，我们感觉是有价值的事。

民企逐步规范　原罪要辩证地看

问：作为改革开放的亲历者，你能否总结一下民营企业在这30年来的变化？新的经济危机到来，民营企业会发生哪些可能的变化？

刘永好：改革开放30年，恰好是中国民营企业从无到有、从有到大逐步成长的过程。改革开放是以经济建设为中心，民营经济的成长和壮大是社会主义市场经济不可或缺的一部分。从某种角度上来讲，正因为有了民营企业的发展和国有企业共同互补，才有了市场化竞争。如果全都是国有企业，那市场化的格局可能就不是这样了。从无到一定程度的允许，到允许，到鼓励支持，到重要组成部分，国家的政策按照社会主义市场经济在不断地调整。

民营企业在改革开放的进程中也不断地成长，从小规模，到中规模，到适度规模，而今天已经有一定的企业有一定的规模了。但总体来讲，民营企业还是以中小企业为多。但是由于数量巨大，解决很多就业问题，越来越得到政府和社会的认同，这是一方面。另一方面，民营企业的素质也在不断提升。刚开始民营企业的员工一般都是没有工作的，或者是文化水平相对较低的。因为过去很多人都有固定的工作，不会轻易放掉这份工作。但是随着国家不断地开放，社会不断发展进步，民营企业也在进步。到今天，民营企业不但是个庞大的群体，为国家做出了重大贡献，更重要的是，民营企业自身也得到了进步。目前一些大型的民营企业，往往都是学历较高的，有一部分甚至是有国际教育背景的、见识宽广的年轻人担当企业的创业者。民营企业的年龄逐步年轻化，学历高端化、国际化，水准越来越高。现在很多企业都走上了规范的道路。

即使到现在，虽然还是有很多民营企业倒下去，但也有不少企业重新站起来，甚至站起来的企业数量超过倒下去的企业，我觉得这个就是进步。长江后浪推前浪。新一代的企业更有远见、学识，更加努力、更有社会责任感。民营企业在救灾过程的贡献，反映了民营企业在进步、成熟，社会责任感增长了。

问：这轮金融风暴给民营企业的机会有多大呢？国家在这次金融危机中把很多政策都倾斜到国家垄断性行业中，很多垄断性行业没有想象中那样加快向民营企业开放。

刘永好：我们有个政协的调研团刚到了广东深圳、珠海做调研，我们还要到辽宁。调研的目的就是要在“非公经济三十六条”颁布几年后，回过头来看民营经济的现状、面临的困难和问题，民营企业能够克服金融风暴带来的困难，促进民营经济规范健康成长。这是我们正在做的课题。我作为全国政协经济委员会的副主任，也参与到这个活动中。

针对民营企业的“非公经济三十六条”颁布以后，国家对民营企业更加重视和肯定。另外，民营企业在发展过程中，依然面临着很多困难和问题，在不同的地区和行业，仍然有不足、制约和限制，怎样去克服，就是我们要去调研的内容。另外一方面，民营企业自身也要增加规范化、自律和责任感，使得企业自身能够在发展的同时，也给社会解决就业问题。

问：最近很多企业家出现问题，比如黄光裕，你怎么看待民营企业的原罪？

刘永好：民营企业在诞生的时候，法律、制度不健全，有一些做法存在不规范的地方，随着社会的进步，制度、法律健全的时候，民营企业逐步规范起来，这是一个过程。我们要辩证地看。

问：此前民营企业都有融资难的问题。

刘永好：这个是民营企业发展的大问题。银行往往都是嫌贫爱富的，这是肯定的，不但在中国，国际上也一样。现在4万亿的投资拉动，不少银行反映对民营企业投资相对小一点，对国有企业相对大一些。这从银行角度来讲，一是效率的角度。比如贷一笔一个亿，相同的贷款，效率高的当然是最好。另外央企有国家做支撑，风险较小，民营企业说垮了就垮了，银行仍然会有这些担心。所以政府也好，监管当局也好，对民企信贷的比重相对小一些。怎样克服这个问题？让中小企业得到信贷的支持，他们是解决就业的主力军，也是拉动社会效益的重要环节之一。最近国家出台了一系列政策，包括担保支持、消费信贷公司、家电以旧换新政策等，正通过财政政策和金融政策帮助中小企业度过困难。

梁信军：经济过快恢复不是好事情

梁信军，1992年从复旦大学毕业后，与郭广昌及其他三个伙伴共同创办了复星集团。如今复星集团已成为中国最大的民营企业之一。2006年，梁信军在福布斯中国富豪榜排第53名。

有人评价，梁信军的思路甚至比郭广昌还开阔，因为梁信军主要负责重大项目投资、信息产业和媒体投资，对很多问题有深入思考。2009年年中，笔者就复杂的经济形势与其有一番交谈。

我们都不了解黄光裕犯了什么错误

问：你怎么看待黄光裕事件呢？

梁信军：我们也不了解他究竟是犯了什么错误。但是过往的案子中，也有我认识的朋友是贪小便宜而吃了大亏的，进口的关税低报一点，这个只是贪50万美金，而一旦惩罚的时候就50倍、100倍地惩罚，很不划算。黄光裕的事情我是无可奉告的。

问：有什么大家都输不起的生意不能做吗？

梁信军：对企业家来说，输不起的生意有很多，偷税是一个方面，如果你靠领导批条子赚钱，而这个又不是特别正当的，就是输不起的生意。企业随着某个官员倒下来自己也倒了。还有很多靠欺诈赚钱的行为也是输不起的生意。

为什么输不起的生意不能做？表面上看是一个道德问题，某些企业家的道德感特别强，企业家在商业世界里，所有正当的行为和思想都会得到报偿的。这些行为会得到什么奖赏呢？平常是看不到的，但是如果发行债券或评级的时候，在过往3年当中如果银行的贷款有一次是如期归还的或不还的。如果发3年或5年的债券，一次的利息可能是少3个百分点，如果发一个亿，这个道德就计算在你的成本上，值300万。你说划算不划算呢？

另外一个是领导批条子。如果这笔生意是领导送上门，那你就把它做了吧。但你不要刻意去追求用这种模式去做生意，天天琢磨着找哪位去批，这是不应该的。从资本市场的角度去看，如果一笔生意被独立的第三方认为是不可持续的，那么你在资本市场是不能这样做的。举个例子，买彩票，中了1000万，企业只花了一块钱，在账面上就值1000万减去一块钱；而如果你开了一个馄饨连锁店赚了1000万，别人就会预期你每年都能赚到1000万。这1000万就值两个亿。同样做一笔生意，用投机的方式去做，一块钱就算一块钱，用扎扎实实的方式去做，一块钱就算20块钱，你自己要做哪笔生意呢？

还有一个规范透明。像国内发债，你有可能评到3A或2A+、2A和2A-或1A，利息可能会差3个百分点。所以诚信和规范在平常的时候，可能看不到差异，在融资成本上是有差异的。规范透明，不仅是企业可持续经营的道德规范，也是企业道德运营比他人取得更高效益的经营模式。不要觉得道德好像是成就他人，委屈了自己。

民企难从4万亿中受益

问：你认为贷款是不是投到实体经济里面去呢？有没有可能形成坏账呢？

梁信军：2009年前四个月发放下去的5.17万亿当中，央行有统计哪些是以票据形式存在的，哪些是发到企业中去的。刚才提到的以贴现票据的形式导致他吃利息差，这个数字按照1到4月份的统计并不高，1/3不到。

在企业里面拿到的钱有没有可能流去呢？这部分有学者怀疑，因为最近一个迹象就是股市有流动性的出入，股市的价格增长跟流入的资金是有关系的。这个我觉得不好说，存在这个可能。

第三个问题，是不是增加贷款之后，这些企业就会恢复呢？要看两块，第一点就是5.17万亿的贷款，我觉得还是流到国有企业里去，以流到4万亿导向的基础设施项目中去为主。这个贷款里面超过一半是中长期贷款。在中国想拿到中长期贷款，要有国家发改委批复的项目才能拿到钱。

贷款发放的时候会不会有坏账的问题？中国的银行很商业化，包括国有银行。所以我觉得贷款的规范比我们想象的要高。有些银行为什么对票据睁只眼闭只眼呢？我猜也是为了安全，毕竟钱在我这里了。

放两万亿的贷款跟放8万亿的贷款风险会不会增加？我觉得有一个度。比如市场可能是6万亿才是合适的，这时候客户普遍比较优质，6万亿以上存在这个可能性。我想这个观点大家都是比较认可的。如果放贷超过一定额度后，降低了对贷款的门槛，我觉得存在这个可能。所以，如果放贷增长太大的话，的确有增加坏账可能性的风险。但由于银行本身管理比较规范，不是说必然就会增加，最起码结构上不见得普遍会增加，但会有差异。如果单纯用放贷风险来看问题，我觉得会选择央企。

问：民营企业在这块其实没有得到多少？

梁信军：从统计数据上看，似乎是这样的。它一半以上都是中长期贷款，这个民营企业是拿得非常少的。第二，票据贴现的贷款，是那些信誉非常好的。这些加起来达到百分之八十几。

问：最近民营企业在航空、钢铁产业有退出的迹象，你怎么看？

梁信军：我觉得这是传媒对现象的评价。要是某个民营企业由于航空的现金流不好，并且预期现在和未来两三年都不好，如果这个民企有更好的东西投资的话，我觉得调整一下也不是坏事。如果未来还是不好的话，现在出售一部分现金流不好的产业股权，企业能够有更强的防御性。

问：4万亿投资很多都是在国有企业的，这样会不会强化国有企业对这些产业的控制？

梁信军：纠正一点的是，4万亿投资主要是市政和政府配套方面。而市政是国企承建的。我们从结果看国企的比例高了点。所以我提醒国家和各级政府要预防这种现象。同样造铁路要给民企和中小企业有一条专门的采购道路，如果通道都进不去的话，这些人无法在国家4万亿中受益。民营企业不能从国家的政策中受益的话，这部分企业是没有因为国家的宏观政策而得到加强的。我不是说国家歧视民营企业，我相信国家没有这个想法。但从结果来看，投放的意愿导致对民营企业的投放少了一点。

不存在亚洲模式破产的问题

问：有人说，2008年是亚洲发展模式破产年，你认同吗？

梁信军：如果讲亚洲模式未免有点偏颇。因为这种模式是全球过去二三十年的运营模式。这个模式需要进化，不存在哪种模式破产的问题。因为亚洲出口导向同欧美的高消费出口导向，道理是一样的，不能说亚洲破产还是美国破产。只是这种循环到了这种地步需要调整。

第二个问题，美国在二战时是出口导向型，二战后日本和德国是出口导向型。后来他们由出口导向型的国家慢慢过渡到比较成熟的内需导向型国家。如果欧美、日本和韩国都走得通，亚洲包括中国在内的国家就走不通吗？我觉得这是不成立的。

第三，我坚信中国的内需是刺激得起来的，主要有两个原因。一是如果你去看中国的人口模式，再去看过去几十年的中国模型，这是能够印证的。中国一半的人口是1963年前后的7年出生的，这批人到18岁的时候，也就是1980年前后，中国的劳动密集型产业开始兴起。当这些人28岁、30岁的时候，结婚后开始买家电，就是90年代初家电产业兴起。当这些人35岁买房子的时候，第一套小户型房子，就是在1998年，房改促进了新一轮的房地产热潮。买完第一套房子5年后买车，就在2003年，家用轿车快速崛起。这帮人2009年45岁左右，他们有充足的消费能力，关注时尚和品牌。因此，我坚信，中国到了社会转型，消费开始大规模增长的时候。人口模型是支持中国刺激消费的政策的。

二是中国老百姓的储蓄有19万亿元之多。中国改革开放30年来，外商投资不足8000亿美元，如果汇率是8折算成人民币，只有6.4万亿的外商投资，已经为中国带来非常大的改变。所以任何政府都有一个想法，把这19万亿的一部分拿出来消费。中国人有能力消费，如果消费对经济有很大的提升。老百姓有没有消费的愿望呢？有啊，他有自己的积累。

内需见效传媒产业就会发展

问：怎么看目前的传媒产业？

梁信军：我很看好新媒体。我们对新媒体的投资正在尝试阶段。如果过几年GDP是8%的话，有理由相信内需是10%到12%，因为出口下降得快，它没有贡献，出口贡献由谁来弥补呢？这个由内需来弥补。内需的增长意味着销售额，一定是有品牌的销售额超过没品牌的。有品牌的销售额会超过内需的增长。内需是10%或12%，有品牌的或许会超过14%。品牌是由什么组成的呢？是由媒体的广告和推广构成的。所以广告的增长会超过品牌销售的增长。

媒体回到本源的话，第一，如果内需振兴政策见效，一到两年内，就能看到中国媒体产业的增长。第二，媒体产业当中，我相信新媒体的增长会超过传统媒体。新媒体不仅包括网络媒体，也包括移动互联网媒体以及户外媒体，这三样要比传统增长要快。第三，是不是新媒体就与传统媒体绝缘了呢？我看未必，传统媒体也可以创办新媒体。凤凰卫视创办凤凰手机报的利润，单纯从绝对值来说，可能跟凤凰台的差不多。这里面说明传统媒体也可以发展新媒体。传统媒体缺的是对新媒体传播规律的了解。把报纸贴在网络上没人看的，得加点BBS，网络互动，随时更新信息。如果跟报纸那样定点出版是不行的。这跟传统模式是有不同的。

问：但巴菲特说传统媒体失去了定价能力？

梁信军：媒体的核心，第一是内容制造，第二是为客户提供的消费推广的渠道和方法。很难说明传统和现代的界定。我觉得只是阅读和传播模式发生了变迁，很难截然把它分开的。如果你到希腊去看的话，他们的新闻基本上都由传统媒体的采编传上网，不完全由阅读者产生。由阅读者如博客产生的话，靠不住。

圈地运动还是取决于公司实力和市场

问：最近很多地产商都有圈地运动，怎么看？

梁信军：我个人有一个不太成熟的观点。如果判断内需有没有明显的改善，我相信房地产是一个最重要的指标。当整个社会对市场的需求在增加的时候，的确带热了很多产业。但不能说房地产一好就救了很多产业，我不赞同这句话。但是如果要观察内需的启动指标的话，房地产启动可能就得到了一半的信心了；而如果房地产不启动，其他都启动起来，可能一半都不到。

2009年1到5月份以来，房地产的确出现了销售上涨的局面，甚至一部分城市价格也有所提升。我觉得这个是否可以持续还得观察几个月。而从地产商来说，要用未来的房价来决定现在的地价，要用未来的市场需求空间决定今天的新开工空间。现在买地肯定是划算的，毕竟比去年前年都低很多。如果现在用很高的价格去买地，你相信这一年半以后市场会很好吗？这个问题我觉得每个地产商都要自己去问自己的。对中国而言，每年大学生都有六七百万，他们都有购房需求的。一年会新增300万套城市住宅；另外高中生和技工一年有千把万，都需要住房。在中国来说，刚性需求量的确很大。如果过去有泡沫，积累了很多闲置房。这些闲置房经过一年多来的销售下降，真的是积累了一部分刚性需求的。只要老百姓的信心恢复，这部分刚性需求出来可能会很快。圈地运动取决于每个公司的实力与对市场的供应能力的判断，如果市场需求没那么大，我觉得你今年拿地也比较困难。

问：复星在投资的时候会谨慎吗？

梁信军：复星今年会干三件事情。第一是融资，我们会卖掉一些参股，本身我在行业竞争力不是最强，不是顶尖的，我会卖掉这部分，把资金回笼。融资的第二部分，我们会仔细看股权性和中长期债券的可能性。中长期债券在中国有独特的优势。而股权性在中国也有可能IPO。

第二是做好投资的工作。尤其是中国在海外有很多行业的股票是被低估的。

第三我们在投资时会考虑三个方向。第一是优先鼓励我们做强的公司去做大，所谓做大就是做强，让它参与行业的整合以及巩固它在行业中的地位。比如今年的医药便宜，我们鼓励医药公司做大。因为医药公司本身在中国国内按利润来说排前三名的。第二，我们会重点考虑增加一些对经济危机有抵抗能力的行业，比如快速消费品、新媒体、医药，零售网络等。生活必需品和体验型的消费品，在这个经济危机的时候都很不错的，对于这些东西都会增加一些投入。第三，我们要做的事情就是把已经投资的企业优化运营好，让它在危机时候争取赚钱，亏钱也要亏得晚，亏得少。比如钢铁，行业是在亏损，但我们在赚钱。当然，赚得没有那么多，少挣点也是挣。

克鲁格曼：中国应该再进步一些

要想知道中国离世界中心的距离还有多远，看一看世界对我们有多关注就知道了。有一段时期，我们以为自己位居世界的中心，所以叫中国；有一段时期，我们又妄自菲薄，否定自己的一切，要全盘西化。

如今似乎到了一个中国人可以自信的时候，毕竟经过30年改革开放的发展，中国的国力逐渐强盛，更多的人开始倾听中国的声音。

但事实让人有点懊丧，西方主流人士并没有把中国放在核心的位置。2009年5月10至13日，2008年的诺贝尔经济学奖得主保罗·克鲁格曼说："中国的经济总量只有美国的加州那么大，想要带领世界复苏简直是白日做梦。"

这位中国人心目中无比崇高的、曾经准确预言亚洲金融危机的保罗，对中国的陌生出乎很多人的意料。保罗说：我对中国的产业并不了解。作为当代最伟大的经济学家之一，面对一个自认为最大的发展中国家，被轻视其实是中国在世界舞台还没有自己想象中重要。对于这一点，奥巴马何尝不是一直给中国上课？美国和欧洲甚至日本才是他关注的重点。

在中国期间，克鲁格曼在自己的博客上写道："这确实和《迷失东京》里的感觉一样。我希望当中国再进步一些，它能改变一下观念，究竟一个演讲再加讨论应该持续多长的时间。2.5小时的演讲和讨论，每天两次，还有与无数商界人士和官员们的会面，有些折磨人了。是的，正如一些评论者注意到的，海报上确实写着'伟大的预言家克鲁格曼中国行'。很尴尬。"

克鲁格曼的脚步难以跟上中国速度

深色黑西装的后摆已经压得皱巴巴，衣领上的头皮屑如雪花般点缀，这位第一次来到中国的美国人克鲁格曼，有些累了。

5月13日大清早，预言亚洲金融危机的2008年诺贝尔经济学奖得主克鲁格曼先生又开始他在中国的第三站广州的行程。他的脚步还是那么飞快，只是坐到沙发上就开始打盹。

短短三天的中国之行，让这位有着伟大头颅的美国自由主义者难以适应：中国的节奏之快，以及对于中国实质上的陌生与距离，让这位国人心目中文笔最优美的经济学家与中国的主流学者、业内人士发生了理念冲突。

保罗·格曼克鲁格曼可能有些感冒了，在这个视甲型流感为大敌的季节，这位国人心目中的伟大预言家身体不适让洗耳恭听的记者们为他的健康担心。5月13日清早，面对一大堆记者的“长枪短炮”，克鲁格曼坐在沙发上微微眯眼。

事实证明大家的担忧多虑了。克鲁格曼只是有些累了。从5月11日踏上中国的土地，他没有多少休息的时间。从北京、上海再到广州，他的中国“巡回演讲”比当红的歌星还积极。

“中国的发展速度太快了”，这位脚步比一般人快的老头子在中国只呆了三天，密集的行程让他有些吃不消。白天演讲，晚上从一个城市飞到另外一个城市。在5月13日的行程清单上，上午考察一个企业、一场演讲，中午宴请，接着又是一个演讲，两个小论坛，傍晚又是宴请，晚上不知又要飞到哪里，据说是香港。

“克鲁格曼不知道，中国的很多企业家和市长每一天的生活都是这样过来的”，在论坛现场，来自企业界的朋友谈起美国例行的“度假”、“旅行”，对中国企业家来说是奢望。

“中国的劳工是5+2、白+黑”，经济学家钟伟和克鲁格曼谈起中国为什么能发展起来，为什么有中国奇迹时总结，中国的劳工很多时候一周难得休息一天，没日没夜地工作。

可在克鲁格曼的眼里，这是要批驳的。“中国工人的工资只有美国制造业工人的4%”，克鲁格曼认为中国的竞争优势难以持续，因为工人的工资要涨起来。对于1997年的亚洲金融危机，克鲁格曼甚至有相关观点：这与中国廉价劳工有关。克鲁格曼希望可以给工人更好的福利待遇，并认为这是造成中国产品倾销美国，或者说大量充斥美国市场的重要原因：中国人太勤奋，劳动力廉价，制造大量物美价廉的商品。

克鲁格曼不知道，在广东的东莞，有数以百万的外来工辛勤劳动，为的是给克鲁格曼提供一双结实耐用、价格更便宜的袜子。而这成为克鲁格曼关于贸易平衡的质问。

克鲁格曼说，不管我们想说什么理由，如果是两年之后，美国和欧洲的失业率还是很高，而中国继续保持大量的国际贸易盈余，这样的事情就会出现很大问题。

“贸易问题和贸易盈余是密不可分的，我们觉得贸易盈余仍然这么大的话，未来几年就会发生非常严重的贸易冲突。”克鲁格曼宁可多花一美分，也不希望美国劳工失业。

“中国的政策事实上利用了汇率市场的保护来循环它对外部世界的贸易剩余。中国不能再期望依赖于美国进口中国的产品给中国创造更多的财富。”克鲁格曼这样总结中美贸易之间的问题。

在克鲁格曼的眼里，他关心的不是中国的财富增长原动力，而是中国产品给美国造成了巨大的麻烦。

第一次看到这个陌生的国度

“他不可能了解中国，这是没有办法的。”企业家严介和第一次见到克鲁格曼就这么说，这也是深圳月朗国际总裁钱港基的印象。

如果我们用心看一下克鲁格曼的文章，涉及中国问题的少之又少。这位美国人，实际上眼光还没有投向中国。

在中国的三天之行，克鲁格曼回答中国企业家问题用得最多的词就是“不清楚”。5月13日下午，星河湾梁上燕问克鲁格曼：“你怎么看目前中国的房地产问题？”克鲁格曼说：“我实在不了解，你们业内人士应该比我更清楚。”对于汽车行业的回答也大致如此。

央视主持人芮成钢说，克鲁格曼主要研究全球问题，对中国的了解并不多，无法就具体问题做出回答。

在中国的三天里，龙永图、张维迎等经济学家与克鲁格曼进行了激烈争论。龙永图认为，中国目前不实行货币自由兑换其实是美国主导的金融秩序导致的后果，而不是中国政府的操控。张维迎表示，中国人本身不能印美元，美元一定是美国印出来的，中国借给美国的是美元而不是人民币。所以，贸易盈余产生的根本的原因是美国货币政策太松，由此导致中国不得不把钱再放在美国，就是把贸易盈余再放到美国。

争论的背后是彼此的陌生。在这个崇尚自由主义的经济学家眼里，中国可能还算不上一个大国，虽然他在中国客气地没有说出这样的话。

“中国有13亿人口，但是你们占的世界经济的总量却是一个小的部分，这相当于美国西部的经济总量，中国经济总量像美国的西部，美国的加州那么大的经济总量，所以怎么可能引领世界经济的复苏，引领世界经济走出经济衰退，中国不可能。”对于中国力量的崛起，克鲁格曼并不认为十分惊人，如果说到要“带领世界走出低谷”，克鲁格曼更不以为然。

对于那些美妙的数据，克鲁格曼持怀疑态度：“你可能注意到，有些怀疑论依然存在。我想我不得不说，这些被报道出来的经济回暖成效来得太快了，以至于有点让我难以接受，可能是因为我太习惯于美国的经济发展速度了吧。中国在如此短的时间内就扭转了银行借贷和商业环境，这对于我来说确实是难以置信。”

三天的中国之行，克鲁格曼走马观花地考察了中国内地最发达的三个城市，与数十位中国学界、企业界人士进行了交流。

在13日论坛的最后，星河湾梁上燕代表现场观众说，希望克鲁格曼先生能把自己在中国感受到的一切带回美国。克鲁格曼微笑地表示一定会。

虽然中美国际贸易巨大，但彼此的了解还是很隔膜。作为一个伟大的经济学家，克鲁格曼并没有对中国有足够的认识：他带给我们更多的是书本上的一些理论，以及中国人眼里的固执与偏见。

“带来危险的始终是思想，而不是既得利益”，在克鲁格曼和中国经济学家共同推崇的凯恩斯的货币通论的最后，宏观经济的开山鼻祖凯恩斯这样总结经济思想的重要，而代表着一代美国精英的克鲁格曼，无论贸易政策还是货币政策，与中国的分歧都不是一天能够解决的。

对话克鲁格曼：中国发展速度不能太快

问：未来中国要如何发展？

克鲁格曼：有没有什么好的方法让中国往全球分工的价值链上爬，从事更加高精尖端的制造业，而不是通过简单的劳动密集型生产？答案是肯定的，因为我们有范例可以学，1975年韩国制造业工人的平均工资只是美国水平的5%，跟现在中国的水平差不多，现在她已经达到美国的60%，韩国原来在世界贸易里的角色和中国一样，但是现在她和日本、西欧甚至美国都已经可以平起平坐了。

这是一个非常自然的发展过程，如果你不断发展，你的技术越来越复杂，肯定会往价值链的上端走。中国已经能够出口一些精密的高端产品，这让人非常吃惊。如果你看到中国现在的工业行业结构的话，你可能会觉得这不太可能出现，毕竟工资结构比较低。而现在我们还没有更新最新的一些数据，从而能够来看一看整个中国的垂直一体化过程。可能一个复杂的、精密的产品是分成不同的部件，其中技术密集型的部件会送到一些不同的地方生产。中国生产了很多电子元器件，但是这里边最复杂、最精密的一般来讲还是来自日本和韩国。这可能是一个误解，但至少还是说明中国价值链是可以攀升的，而且可以实现真正的转型。如果你问我，我认为中国肯定会攀到价值链的顶端，她的企业家精神能够帮助中国成为一个薪酬水平较高的高科技国家。

在这个过程中，会遇到一些什么样的问题呢？中国有一些快速的发展政策，但不是特别地成功。韩国是一个成功的案例，但是他们在上世纪70年代末期有一个发展的政策，想在重工业有所发展，即他们所认为的高端产业。但是那个政策却不怎么成功，反而带来了一些相关的问题，比如过多的外债、过度的产能。所以中国如果发展步伐太快肯定不合适，要有一个政策能够帮助行业的发展，要有基础设施，要有好的电信通讯，要有足够的能力才能够在技术杠杆上向上爬，如果速度太快是不好的。

问：有所谓的“中国模式”吗？

克鲁格曼：毫无疑问，中国有非常显著的成就。中国是不是楷模呢？你要记得一点，中国相对来说仍然是比较贫穷的国家，我说过中国的平均工资是美国工人的4%，墨西哥生产工人的工资也是中国工人工资的3倍，当然墨西哥已经进入一个更加技术密集型的产业。但是很显然我并不批评中国自己的发展模式，因为人民的生活水平提高了，我对中国的成就充满赞赏之情。

盈余的国家似乎是麻烦制造者

问：中美贸易模式还能持续吗？

克鲁格曼：中国储蓄、美国消费，很长一段时间，大家皆大欢喜，美国有更廉价的资金，中国有了一个庞大的出口市场，可以发展出口驱动型经济。好像对所有人来说都很开心，但细想就奇怪，这种方式肯定难以为继。

二战以后，美国家庭债务占GDP比例不断地攀升，很长一段时间是50%，上世纪80年代以后，金融创新使家庭债务达到GDP的100%，这是前所未有的，大萧条之前有过一次。当时为什么债务比例这么高呢？因为大萧条以后GDP大幅下挫造成了这样的现象，除此之外从来没有这样的现象，这是难以为继的。

将来美国再也不可能借这么多钱，美国的消费者又开始存钱了，储蓄率从0攀升到了4%，我觉得它会继续增长8%左右，这是历史的平衡，在美国的消费需求会放缓。

这一切摆在世界经济大环境中，让我们看到日本迷失的十年，需求放缓，利率近似于零。这样的世界中，标准的经济学似乎已经失效了，我们总是会说“自由贸易有利于所有的人”，我们总是说，贸易盈余的国家其实是帮助其他的国家，因为它是向它们提供便宜的产品。但是在如今这个失业率攀升的世界，遗憾的是：刚才所说的再也不成为道理了，盈余的国家似乎是麻烦制造者，而不是带给别人好处。

现在我们的政策是：如果你有很多的贸易盈余，使其他国家非常生气，这是重商主义。重商主义过去很好，现在不是如此。这种环境下，贸易盈余造成了让其他国家非常生气的地方。如果没有一个很好的解决方法，将来中国的盈余肯定会带来很大的贸易紧张，其他国家再也不能容忍中国有这么大的贸易盈余。

要求人民币升值的压力，在未来可能是更强而不是更弱。美国国会每年会审视一下中国的货币，财政部会汇报一下是否每个国家在操纵汇率，每年的审议中，答案是中国都没有操纵汇率，但所有人都知道这不是一个诚实的评估，是避免冲突才做出这样的决定。过去造成长期不平衡的需求，将来不可能再维持下去。

问：怎么看待目前美元贬值给中国2万亿外汇储备带来的损失？

克鲁格曼：比较优势决定了大概你是出口什么东西，并不决定你出口量是多少，而且通常情况下，一个还处于相对贫穷却快速发展的国家成为资源输出国，这个不多见。

可以说，这是世界历史上从来没有见到过的奇怪现象。如果有些国家发展得很快，发展中国家应该是输入资本的，他们向外国输出产品，这是世界上有史以来第一次新兴的经济体把很多自己存的钱输出到国外去，而且没有利息，以零利率借给外国用。

这是对于中国资源的浪费，没有很好地利用，尽管中国外汇储备这么大，有了伟大成就，但中国还是一个比较贫穷的国家，钱应该留在自己这里用。从整个世界经济的角度说，这也是不能接受的。

中国之前做出了错误的判断，所以积累了这么大的外汇储备，我觉得有点欠考虑，现在已经看到了结果。当时积累美元的时候有没有想到美元会贬值呢，现在没有好办法了，肯定会有很大的资本亏损。美国人当然会还债，但是这些债承诺用美金还，如果美金和其他货币贬值也没有其他办法。

未来不会有G2

问：未来会进入中美的“G2”时代吗？

克鲁格曼：“G2”不是一个有用的概念。讲到任何的重大议题，不管是全球贸易、气候政策，还是国际金融体系，你必须把所有的大国都纳入，包括美国、中国，还要加入欧盟、日本，最少也要G4，也许以后很有可能还要加入印度，所以是新G5，不是以前的五国集团，是新的五国集团。

双边关系是一个复杂的问题，可能会有一些非常深层次的讨论，也许不一定坦诚，包括汇率政策、气候政策等等，这些都需要进行讨论，而且今后都会慢慢成为我们讨论的焦点。我们很聪明，我们也都抱着善意，我们也对地球充满了爱心，但我觉得这个讨论还是会非常激烈。

我们的政府目前致力于全方位发展，需要一种合适的方式来发展。美国目前还是世界上最重要的经济体，不过可能20年之后不一定是美国，可能是中国了。既然现在美国在全球经济体系中最重要，美国就应该帮助世界创造一个更好的发展环境。对于未来几年的全球合作来看，我还是比较乐观的。

问：你对奥巴马政府怎么看？

克鲁格曼：我更喜欢奥巴马，比布什好多了，但我还是会批评他的一些做法和政策。从美国领导角度看，我们已经从黑暗走向了光明，过去八年是非常糟糕的，奥巴马在极端经济环境下来执政，我希望他的应对措施更加强劲一点，当时我在家里庆祝了奥巴马竞选的获胜，我相信这个庆祝并没有出错。

克鲁格曼给奥巴马的一封信（节选）

亲爱的总统先生:

就像3/4个世纪以前的富兰克林•罗斯福总统所面临的一样，你即将在这个信念和传统智慧土崩瓦解的时刻走马上任。我们所面临的世界不是你或任何人可以想象的。很多总统面临过各种危机，但很少有总统在他就职的第一天，就要被迫处理如此空前绝后的迫在眉睫的危机。

现在经济的前景有多糟糕？它几乎比任何人想的都恶劣。

布什执政的经济成长，就像它所表现出来的一样，是由私人贷款的膨胀所激发出来的；现在信用市场呈现出一片纷乱，商业和消费者都裹足不前，经济是一泻千里。我们所面临的，说穿了就是一个就业的大缺口。美国的经济每年应该创造100万个工作机会，才跟得上它的人口成长。危机前，布什当局每年只能有80万个工作机会。就在去年，我们不但没有创造百万的工作机会，反而减少了200万个。我们现在继续着每个月50万个工作机会的丢失。

从现有的资料和既有状况来看，就业前景的持续恶化没有逐渐缓和的迹象，也就是说，年底时我们可能有1000万以上的工作缺口。换句话说，我们的失业率可能会高达9%，如果把那些干最低工资以下工作的人和那些只找到零工的人计算在内，真正的失业率应该高达15%——超过2000万的人苦于失业。

这么严重的衰退让人付出的代价太大了。“预算和优先政策中心”是一个分析政府政策的非党派性的研究机构，最近发表失业率会发展到9%——最坏的情况现在似乎离我们不远了。失业率真的到那或超过了该怎么办？多达1000万的中产阶级会被推向贫穷的境地，另外会有600万会变成“极度贫穷”，严重的损失使得他们的收入比贫穷的水平还要减半。失去工作的人同时没有了医药保险，使得艰难前行的美国医疗更是雪上加霜，走投无路的病人挤满了医院的紧急病房。同时，数百万计的人会失去他们的房子。州政府和地方政府因为失去了许多的财源，会删减许多重要的福利。

记得1984年的美国经济复苏，当时的总统里根还得意地说出他的名言：美国又迎来了新的一天吗？事实上经济复苏和里根毫无关系。他只是跟着政策走而已。真正的工作是由保尔•沃克尔完成的，他是1979年卡特时期任用的“联储会”主席(现在你让他掌管你的“经济咨询团队”)。

拿现在的情况和沃克尔力挽经济狂澜的20世纪80年代相比。美联储当时做的唯一一件事，就是印了很多美元(把这些美元贷给了私有银行的账户)，然后用这些美元买很多美国国债。这样就把利率降下来了。沃克尔看出了经济需要提升，他很快地做到了把T-Bill从13%降至9%。政府债券的利息下降，很快地房产贷款和商业贷款的利率也跟着降了。人们开始消费，不到几个月，经济就从低谷走出并活跃起来了。经济学家把这个美联储发动印刷机到消费，工作和收入的兴起的整个过程叫做“货币转换机制”。20世纪80年代，这个机制运行无误。

而这一次，此转换的机制断裂了。

首先，美联储仍然可以再印钞票，但它无法将利率给降下来。为什么呢？因为利率已经低得不能再低了。就在我写此信的时刻，T-Bill的率是0.005%——等于是零了。根本无从再降了。有人可能认为零利率应该会激起贷款的高潮。但事实是政府本身可以自由借贷，其他人办不到。恐惧操纵着金融市场，过去的一年半，虽然政府的债券利率跌了大跟斗，但是它之外的世界的贷款利率还是上升了。特别是，很多商业贷款比一年半前美联储还没降息以前还需要付出更高的利率。拿到贷款的商家还暗自庆幸。

还有，就是即使很多的人可以贷到款，他们真的愿意消费吗？市场上有那么多的房子无法出清，房产贷款利息再低，商家根本没有意愿再建新房。生意的投资也是一样：有那么多的办公室都空着，商场找不到房客，工厂空置着，谁还会想增加新的设备？每个地方有工作的人都担心失业，大家蜂拥到那些廉价商品店，只想节省下几块钱，那些真正能帮助经济恢复的如汽车那样的大物件买卖，基本是无人问津的。

事实上，就拯救经济而言，你即将面临的最大问题就是你能否找到足够的创造工作的计划，而且马上付诸实施。传统工作创建工程如筑路，建政府楼、港口和其他基础设施，是一个创造就业机会很好的办法。但是美国现在有大约不到1500亿美元等值的建设等着开工动土，它们可以在不到6个月的时间内开动。所以，你必须非常有创造力地赶快找到许多其他方式把政府的资金注入经济。

尽可能地，你应该把钱花在能带来长久利益的，比如造桥筑路等会使我们富起来的地方。提升网络的基础设施；升级电网；改善任何医疗体系的关键核心，也就是医疗服务领域的“信息科技”。给地方政府提供援助，避免它们在这关键时刻错误地缩减该有的投资。但你这么做的同时，一定要记住，所有这些花费有双重的责任：它造福于未来，但同时给当下急剧下跌的经济提供了工作机会和增加人民的收入。

你在做好事的同时，也做了成功的事。经济的暴跌伤害人民最深的是长期失业的，没有医疗保险的家庭。这些人最有可能把他们收到的经济帮助花费出去，这对整体经济有着起死回生的功效。所以，帮助这些受苦的人，增加失业救济金，免费食物券和医疗保险的补助——不光是一件光明正大的事而且是你短期经济计划的激动人心的一部分。

但即使这些你都做到了，在个人支出上还是无法力挽狂澜。所以，是的，你可以暂时地降税。减税的对象应该是低收入和中产的阶级。这不仅是一件正当的该做的事，因为他们比富裕的人更需要这从天而降的支援。你在竞选时所描绘的对工薪阶层的减税是很合理的手段。

但我们要表明的是：对付经济下滑，减税不是一个行之有效的办法。其中一个原因，就是它不如基础建设的支出花得有效，因为我们保证不了消费者拿到退税后会花掉。结果是你得用3000亿美元来减税以保证减少一个百分点的失业率，那还不如花上2000亿美元用于基础建设上来得实惠。甚且，长远来看，你需要更多的税收来进行医疗改革。所以，减税不应该是你的经济复苏计划的核心。它应该是你的创造就业计划捆绑在一起的一部分，要不然，这计划的力道就不够。

现在我诚实地告诉你，就是这些都做到了，你还是免不了看到2009年是很糟糕的一年。如果你能够将失业率降到8%，我就认为你成功了一大半。到了2010年，你就会看到经济朝复苏的路上走了。但在那个复苏之前，你要准备些什么呢？

黄亚生：

印度明年超越中国
大象也会跳舞

龙象之争才刚刚开始。2009年6月16日，金砖四国首次首脑峰会在俄罗斯召开。对于中国来说，印度是一个值得尊敬的对手。

2009年6月22日，世界银行发布报告，称2010年印度经济增长速度将首次超过中国。世界银行的报告预测，印度2010年的国内生产总值增长率将达到8%，如果印度能够达到这一目标，那它将成为世界上增长速度最快的经济体，甚至比中国的增长速度都要快——世行预测中国明年的经济增长率为7.7%。

中国与印度，同样是文明古国，同样是人口大国，同样在高速发展，同样有着脆弱的骄傲。

作为目前研究印度问题的专家，美国麻省理工大学(MIT)斯隆商学院的终身教授黄亚生呆在印度的时间估计比在中国还多。他说，10次去印度有5次生病，但他还是要去。黄亚生要宣传印度的模式，用印度的模式说明体制的转型，可能是中国面临所有问题中最重要的。

南韩北朝最大的差别在体制

问：印度有什么独特的地方？

黄亚生：印度在所有方面的条件包括经济发展的条件都不如中国，除了体制。中国所有的经济发展的条件都比印度优越，除了体制。体制是非常关键的，如果大家认为这样的说法太过激的话，我们来看一下韩国和朝鲜。

上世纪50年代的时候，朝鲜人均收入高于韩国，当时它具有相当不错的工业基地，因为日本人在满洲国建立了制造业，而朝鲜有矿产，因此建立了矿产和资源加工的设施和工厂，要比韩国更加地工业化。

“三八”线隔离了南北，唯一的区别就是制度，文化上都是一样的，气候条件等能够想到所有影响经济发展的条件都是一样的，今天韩国是非常发达的国家，朝鲜是极度的贫困，这说明体制是非常重要的。

问：印度有什么值得中国借鉴的地方吗？

黄亚生：中国的GDP每年增长得很快，但是从微观的指标来看，中国企业发展的质量和速度并不是很快的，至少跟宏观经济的发展有非常大的差距。

做简单的加工和贴牌本身没有问题，但是中国面临的问题是，有30年的经济高速发展，30年相当于一代人的时间，经济发展如此快的时间，我们的企业还停留在贴牌和做简单的加工，这是不正常的情况。

印度跟中国的发展是相反的，印度微观的发展是非常出色的，2003年以后宏观发展是不错的，但是2003年之前宏观表现不够出色。一个国家的经济发展，宏观的发展取决于微观的基础。此外，宏观经济的发展和微观经济的发展之间是有时间差的，中国30年高速的经济发展主要取决于上世纪80年代的农村改革，还有其他的改革措施，农村改革解决了当时很多产权的问题。

微观的改善是为宏观的发展奠定基础，从印度经验可以看出对理论的证实，印度的改革是从上世纪90年代开始的，印度实行民主制度，因此做决策比较慢，微观和政府的转型差不多10年，到了2003年以后印度高速发展，印度的宏观经济发展速度一直低于中国宏观经济发展的速度。

中国的宏观经济发展部分原因是牺牲了环境，有大规模的政府投资，还有一点是牺牲了家庭收入、个人收入，在印度虽然发展速度比中国低，投资相当于中国的50%，增长相当于中国的80%，但印度在利用资金的效率方面要比中国的企业高。

金融危机对中国的影响比印度更大

问：金融危机对中印的影响哪个大一点？

黄亚生：中国的经济发展模式是有一定的脆弱性，经济波动性很大，印度因为微观基础比较好，因此波动性不像金融危机下中国受到的影响严重。

金融危机后失业率有多少？印度的失业人口是200万—250万人，而且这人数包括金融危机发生之前。中国失业的数据，尤其是农民工的问题，政府采取了很多的措施避免失业，采取了大规模的措施后，现在看到官方的数字，农民工大概有2000万失去了他们的工作。

这次金融危机对中国的影响远远大于印度，发生金融危机后，印度的企业没有减少，反而增加了在美国的外包业务。因为美国受到金融危机的影响，传统在印度做外包的美国企业要降低成本，就将美国做的业务转移到印度去。美国的大学、医院、医疗保险公司以前没有做特别多的外包业务，现在也开始做外包业务了。

问：印度发展速度要超越中国，可行性大吗？

黄亚生：世界银行刚刚出台的报告，2010—2012年印度发展的速度要超过中国。世行对中国今后一两年GDP的发展速度是有信心的，世行在中国发表言论的时候会考虑到政治上是否可以接受，因此用了婉转的语言。它对中国采取大规模的投资，大规模的贷款，这种增长方式表示了相当的担忧，后劲在哪里？世行是没有信心的。

印度的发展主要是企业推动的。话又说回来，印度有一个不确定的因素，就是印度的农业。农业占印度GDP的比值还是比较大的，最近的报道表明印度的气候条件比较恶劣，但是跟它的体制没有关系，这也是印度多年来发展比较慢的原因，地理位置对印度经济的发展是非常不利的。

实际上印度是不具备经济起飞条件的国家，很多方面的条件是比较差的，但是具备经济起飞制度的环境。中国具备很多经济起飞的条件，但是这次金融危机的发生，是否可以促进中国对制度转型的认识，这是非常重要的，对于中国未来30年的发展是非常重要的。

第二次世界大战后，成功赶超西方或者是接近西方经济体的都是东亚经济体，韩国、日本、台湾、香港和新加坡。新加坡从文化来看是东亚国家，具有天然的经济发展的优势，这种优势比较需要具有良好的体制，才可以充分地发挥出来。

中国金融体制还停留在计划时代

问：中国的体制突破在哪里？

黄亚生：印度的金融体制、印度改革的道路跟中国是不一样的。印度开始改革的时候在上世纪90年代初期碰到了卢比危机，当时是因为苏联解体，苏联在上世纪七八十年代卖给印度的石油是没有补贴的，解体后就要求印度用市场价格付石油的费用，一下子外汇储备就不够了。

因为第一次波斯湾战争，当时的油价大规模地上升，因此印度没有了外汇，国际货币基金组织介入印度的改革，这一点上对印度的发展，对印度的改革起到了非常重要而且正面的作用。这要求印度先从金融改革做起，2009年中国的金融改革还不如印度在1991—1998年期间所做的改革。

中国搞了30年的经济体制改革，不能说没有金融体制改革，但有很多表面上很西方化的董事会，在我看来是没有任何意义的内容。对一个国家最重要的就是金融体制，是否可以将资源、将钱借给金融体制，金融体制是否可以将资金分配给最重要或者是最有效率的企业？建立董事会和监事会是没有意义的，如果连中国最有发展前途的企业，80%的企业认为金融体制是有障碍的，那么建立任何董事会和监事会是没有意义的。经过30年的改革，中国的金融体制跟其他的计划经济国家的金融体制仍然停留在同一层面。

沈南鹏:

风险投资这十年 我们还是个孩子

沈南鹏，这位创投界的宠儿，走到哪里都有鲜花和掌声。1992年耶鲁大学MBA毕业后，沈南鹏曾在三家响当当的华尔街投资银行工作8年，先后参与了八九家中国企业在海外的上市。1999年他与梁建章合资创办携程旅行网，担任携程网总裁兼首席财务官。

但他的成名显然不是作为一个创业者，而是一个“野蛮人”——创投人士。甚至最耀眼的沈南鹏也不是在携程上市的2003年，而是在3年之后，身为如家快捷酒店联合创始人和联席董事长的沈南鹏再次敲开纳斯达克大门，将如家漂亮地卖了个好价钱。携程、如家的成功上市让沈南鹏声名鹊起。

2002年以来，沈南鹏以个人身份参与投资的企业包括知名的分众传媒、金丰易居、一茶一坐等等。2005年8月，沈南鹏离开携程，和同为海归创投的张帆共同成立了红杉投资中国基金，现为红杉资本中国合伙人。

风险投资三四年　贡献一个500强

沈南鹏：风险投资十年了，我本人是行业里面的得益者，前6年我是创业者，是被投资方，后4年是投资者。我觉得这非常有意思，我们在当中做了角色的转换。可能也可以说是过来人，见证了十年的风险投资行业的变化以及发展。

我感觉风投行业最主要的发展有三个方面。第一，风险投资今天在中国已经形成了食物链。在食物链里面，有很多专业的机构在提供服务，对投资商、投资公司，包括对企业家、创业者都有巨大的帮助。比如我们现在有专业的咨询公司做早期企业，帮助企业家找到配对的风投，我们有会计师做专业的审计，包括法律顾问。今天我们调查发现，很多行业找不到麦肯锡的报告，我们可以找专家。风险投资行业发展的食物链非常完整，作为专业的投资机构，我们能够有很好的渠道，为企业做出很好的判断。我认为中国的创业者非常幸运，因为食物链的机构都可以提供相应的服务。

我以前一直在说，有一个好的想法、好的团队在硅谷很容易拿到钱，在中国就未必。但是在5年以后、10年以后，中国的状况和美国已经差不多了，甚至在2008年以前，我们看到更多的基金在追企业家，尤其是好的企业家、创业者，这是非常令人欣慰的状况。

第二，整个行业在社会生活当中的地位大大提升了。10年以前很多风险投资是专业人士的术语，很多老百姓都不知道。2009年春节，平常聊天都说风险投资，说明这个行业多么受人重视，当然可能对风险投资行业也有一些曲解。我看到对尝试阶段的企业巨大的鼓励。

另外可以看到，几乎所有的风险投资大会都有政府领导出席，我们看到过去10年里面，整个投资的法规、政策上也越来越完善，不仅是海外投资，也包括国内投资。在法规、法制不是特别健全的情况下，可以先尝试，但最好是法制、法规越来越清晰。我们看到政府在推广、推动整个风险投资行业，尤其是早期创新行业上面起到了推动作用，这对行业是非常有利的，各地的领导基金，包括各地在税收政策方面、在人民币基金的支持方面，这对风险投资的发展起到了另外一个推动作用。

第三，10年下来，我们看到有一批企业成长起来，这批企业没有风险投资是做不到的。像百度、腾讯都是，当风险投资离开了这些企业，它们也不断地发展。深圳的腾讯就是很好的例子，它现在是超过200亿资产的企业，对深圳的税收以及很多年轻的IT就业创造了机会。风险投资对他们起到了很大的帮助，但风险投资不仅要产生成功的企业，而且要产生持续成功的企业。今天美国的风险投资受到尊重，因为产生了思科、甲骨文、苹果等今天还是非常成功的企业。

我记得美国的同事在财富500强的采访当中说，风险投资平均三四年可以贡献一个财富500强的企业，这些故事一直在发生。我相信中国也在按照这种趋势发展。后面有成千上万个在寻找自己的商业模式，或者正在努力挣扎的企业，我认为不要紧，风险投资对企业都有很大的帮助。

太年轻的孩子对行业是个挑战

沈南鹏：以上是我对过去10年简单的回顾，未来有什么期望呢？我有两点思考。第一，我认为过去10年风投行业成长了很多，但都是很年轻的，有从事风险投资10年以上的，但更多的团队风险投资是3年、4年。红杉基金创建了4年，还是年轻的孩子，我觉得这是行业巨大的挑战，因为行业里面投资的企业本身就是年轻的，年轻人创业成为很多企业的特征。风险投资行业最好是有经验的，但是今天来讲，我们这些机构在经验上还是在不断地提升、不断地学习。

有一个奇迹在发生，很多创业者逐渐加入到投资者的行业来，对行业的提升有很大的帮助。这是将来行业发展当中需要解决的问题，也是需要不断摸索、提升的问题，作为风险投资企业，它本身需要足够的企业文化、投资文化以及能力，来服务于我们的被投资的创业、企业家，我们的行业是服务行业，服务行业需要服务的积累。

第二，行业的发展在未来10年会有很大的变化，以前讲两头在外的情况正在得到改善，但是还没有完全解决。以前是美元基金从海外融资，美国的钱、欧洲的钱投资中国的企业在海外上市，尽管在中国纳税，但都是外国投资者占便宜。现在这两年有了很大的改善，像红杉成立了国内人民币基金。我感觉中国本土市场里面，最后会成为国内A股市场的重要力量，无论在创业板、中小板还是主板，同样国内的人民币基金在风险投资的发展当中也扮演着越来越重要的角色，我们希望在这方面得到更好的发展。

第三部分
企业浮沉

作为经济最基本的单位，企业是观察经济运行最好的微观主体。改革的剧痛中，有的企业成长，有的企业却迷失了方向，对企业家的记录是变革的切片，每一个故事背后都有深层次的原因。他们在这个时代起伏跌宕，故事实在精彩。

最让人揪心的是一些神像的倒塌。一度让人引以为傲的黄光裕已经身处囹圄。这个光头老大行走江湖多年，如今湿了草鞋让人唏嘘。见证中国近现代商业的荣氏家族，红色资本家的辉煌到了荣智健这一代有点“晚节不保”。而麦道夫，这个骗子的手法真高明。……

黄光裕：
“潮汕帮”老实终久在

三分天注定，七分靠打拼，爱拼才会赢！但有时拼得太出位也伤了自己。

2008年11月19日，国美电器原董事局主席黄光裕被北京警方带走调查。这位纵横江湖的潮汕人，17岁开始创业，39岁以430亿元第三次问鼎内地首富，靠的正是“家己人”（自己人）。可惜他忘了另一句潮汕俗语：“天地补忠厚，老实终久在。”

无独有偶，“潮汕帮”政界最高阶衔的黄松有、郑少东也随即落网，商界、政界元气大伤。而潮汕最中坚的力量李嘉诚先生说：“不义而富且贵，于我如浮云。我赚的钱每一毛钱都可以公开，就是说，没有不明不白赚来的钱。”

黄光裕的最后一面

2009，牛年，黄光裕才不惑之年。

黄光裕最后一次在公开场合出现，笔者恰好见证。2008年11月10日上午，汕头粤东侨博会，坐在主席台最边上的黄光裕，没有往常的神采飞扬，显得有些沉默。原本大家期望黄能公开发言，但这位潮汕人心目中的骄傲，并没有对来自世界各地的上千位侨胞、老乡说些什么。据说会后黄光裕还回了趟老家汕头潮阳铜盂镇凤壶村，但他照常没有下车走一走，而是开车绕着村里跑一圈。

此前一天，黄光裕得到了广东省高层的接见，广东官方媒体《南方日报》通稿写道：国美集团经过20年的奋斗，取得了骄人的成绩，成为国内首屈一指的家电营销企业，这是家乡人民的骄傲。

但随后黄光裕消失在公众的视线中。2008年11月19日，广州媒体记者收到匿名手机短信，内容是：“国美老板黄光裕和财务总监周亚飞已于周一（17日）被相关部门带走调查，至今无下落。黄的老婆杜鹃和一主要财务人员已潜逃，涉及多起重大案件……”

直到一周后，“黄光裕被抓”消息才有官方说法。北京市公安局新闻办在11月27日证实：黄光裕因涉嫌经济犯罪，目前正在接受警方调查，但没有透露更多的详情。翌日，又传来黄光裕的哥哥黄俊钦被警方带走调查的消息。

2009年4月28日，有消息称，黄光裕在看守所自杀未遂。据称，因经济问题正接受调查的黄光裕因不堪压力，在北京的看守所内自杀，幸被警员及时发现才免于一死。

和黄光裕一起接受调查的，还有最高人民法院原副院长黄松有、公安部原部长助理郑少东及中关村原董事长许钟民等人，而他们，都是潮汕帮中的“翘楚”。

老实终久在，铜钱出苦坑

潮汕人做事，重交情，讲义气，崇尚“爱拼才会赢”的奋斗精神。

黄光裕是典型的潮汕人，少小穷苦，初中辍学，1985年，16岁就和年长他三岁的大哥黄俊钦从中国最南端跑到最北端的内蒙古闯荡世界。

凄厉的北风吹拂着黄光裕高扬的头颅，黄光裕和他一两百年前“一条水布下南洋”的祖先一样，如果不能出人头地，或许一辈子都不会返乡。

“铜钱出苦坑”，许多年以后，当已经成为内地首富的黄光裕回忆那段只身闯荡江湖的日子，表面轻松平常。

《南方人物周刊》的记者问道：“还记得北京珠市口你那家不足100平米的小店吗？你后来还回去看过它吗？每次都有很多感触吧？”

黄光裕说：“唉，过去的事，都淡化了。你突然问起来，我也想不出该说些什么。不可能一点感情都没有，好歹也花了好几年时间，在那里辛辛苦苦的。不过那个房子现在不在喽，路面拓宽了，要找得到马路中间找去了。我已经没什么激情去回顾往事了，那里又不是我的精神支柱。”

记者又问：“你的事业现在做得这么大，你觉得自己已经实现理想了吗？你当年和哥哥一起亲手卖电器，那时的理想又是什么？”

黄光裕说：“卖服装的日子是事业的一段过渡期，一闪而过。所谓目标和理想，也是时时在调整。当时的理想，就是力求做得更好，至于到底做成什么样，心里也没有明确的概念。退一步说，我已经实现了理想，进一步说，还差得很远。但我对自己还是满意的，因为我想就算出去打工，我也能养活自己。如果说我有什么遗憾，那就是我从来没有打过工，人生应该多些经历才好，我就没这经历。”

17岁的某一天，黄光裕突然找来一张全国地图，一脸茫然地问大哥黄俊钦：“中国哪个城市的个头最大？”

黄俊钦说：“北京，上海，广州……这些城市都够大的。”

于是在某个午夜，发誓要闯出名堂的黄光裕在轰隆隆的火车声中，来到了中国最大的城市——北京。

睁开惺忪的睡眼，面对一个陌生的城市，黄光裕像他日后获得超级男生的老乡陈楚生唱的歌《有没有人告诉你》一样："当火车开入这座陌生的城市，那是从来就没有见过的霓虹。看不见雪的冬天不夜的城市，我听见有人欢呼有人在哭泣。有没有人曾告诉你我很在意，在意这座城市的距离。"

脚刚踏上北京的土地，一个三轮车夫就跟这位未来的首富开了个玩笑。已经是夜晚时分了，急于找个地方歇息，黄光裕就随手叫了一辆三轮车，让蹬车的师傅带他找个近一点的旅店。

这个三轮车夫倒是很卖力气，拉着他跑了将近一个多钟头的路，才在一家旅馆的门前停住。第二天黄光裕醒来，嘿，这不就在火车站的正对面嘛。原来呀，昨晚的那个三轮车夫为了多挣几毛钱，就拉着黄光裕兜了好大一个圈子。

"工字不出头"，打工一向都不符合潮汕人的性格，再苦再累，只有创业潮汕人躁动的心才能得到宁静。在广州的街头，随处可见小小的"潮州砂锅粥"和"长业士多店"。

黄光裕年纪虽小，人倒很机灵，经过一番寻觅和打探，他发现了一处刚好闲置的门面房——位于珠市口东大街420号的国美服装店，这是一个服装厂的门市部，一个上下加起来尚不足100平方米的二层小楼，虽说地段稍微偏僻了点，人流也不太多，但是临街，做买卖还是可以的。经过一番讨价还价，哥俩便把这个门面承租了下来。

如今的国美电器风光无限，哪里知道，20多年前，100平方米的国美服装店孕育着一个全球家电连锁的梦想。

服装生意没有太多东西倒腾，黄光裕潮汕人独有的开拓和学习精神在创业第一阶段显现了。不要看潮汕人没有什么事店铺里面总摆个茶炉，喝功夫茶耗上大半天的时间，很多商机和交情就是在喝茶中培养出来的。

黄光裕突然发现，家用电器的生意很火，附近的店铺，只要有货就被人一抢而光。20世纪80年代，国门初开，刚刚从配给时代转轨，家电这种还不能自给自足的商品非常紧俏，而价格双轨制也给经营家电丰厚的利润空间。

毫不夸张地说：谁有货源谁就有钱。无数的倒爷就是那个时候出来的，现在最著名的企业家王石，当时也是一倒爷。

王石后来自己回忆，1983年5月7日，他坐着火车到了深圳。在走访了深圳的几家进出口公司后，王石发现深圳最畅销的进口产品竟然是台湾产的折叠伞和日本制造的味之素（味精），只要弄上几千打折叠伞或半吨味精的批文，就有需求方将钱打过来。这么做，转手赚几万、十几万块钱没有问题。但王石既没有选择做折叠伞，也没有跟风去申请味精批文。他想，现在申请批文、订货，等交货时，说不定市场已出现过剩，供过于求了。

一天，王石乘小巴去蛇口。从深南路拐进蛇口的丁字路口，他望见路北一侧耸立着几个高大的白铁皮金属罐。在蛇口码头边也见到三座类似的金属罐。王石好奇地向周围的人打听，得知是饲料厂的玉米储藏仓。位于丁字路口的是泰国正大集团、美国大陆谷物公司与深圳养鸡公司合资的饲料生产企业——正大康地，依托蛇口码头的饲料厂是新加坡远东集团投资的面粉加工以及饲料厂——蛇口远东金钱面粉饲料企业。

“玉米？广东不生产玉米啊，这些玉米哪来的？”

“从香港。”

“香港也不产玉米啊？”

再问，得知这些玉米来自美国、泰国和中国东北。

“为什么厂家不直接从东北采购？”王石带着疑问找到正大康地。接待他的是卢达民先生，个子高高的，戴副眼镜，说话不紧不慢，潮州口音：“公司也想从东北直接采购，以降低原料成本，只是解决不了运输。”

“我解决运输工具，铁路、海运都没问题，组织来的玉米你们要吗？”

“要！马上就可以签合同！厂里正在试运转，设计能力为30万吨/年，70%的成分就是玉米，平均每个月的需求量在1.7万吨左右。”

玉米生意就这样开始了。

这一年，通过把玉米从大连倒腾到深圳卖给正大康地饲料公司，王石热火朝天地挣了300万元。

黄光裕两兄弟敏锐地发现了这个极具扩张性的市场机遇，而且，马上就付诸行动了。他们把库存的服装一规整，立马改行经营家用电器了。

货源紧俏，黄光裕以潮汕人独有的精明，唱起了“空城计”。他拜访了几位做家电批发的老乡，借了一些包装家用电器的空纸箱子。没几天，小店铺就摆满了大大小小的“家电”。路上来来往往的行人，瞧着店里花花绿绿摆得满满的纸箱，无不以为这家店铺货源充足、商品丰富呢，再说又是临近春节的购物高峰期，结果，国美电器商店一开张，就吸引了不少顾客前来光顾。

但随即又面临一个问题：由于缺乏足够的流动资金，黄光裕无法大批量地进货。而进货越少，进货的价格就越高；高价进的货，如果再加上高利润的话，商品的价格自然就会一路攀升，居高不下。

“货如轮转利就生”，面对困境，黄光裕宁肯少赚一点钱，也不愿意让商品在自己的手中造成积压。同一个品牌，同一个型号的商品，大商场里要加几百元的利润才肯上柜销售，但在国美的商店里，只要有50到100元的毛利就可以出手。

“三岁定八十”，黄光裕创业之初，基因里就预示了未来的成功与失败。为了“国美”的顺利开张，黄光裕采取了那个时代可以理解的“空城计”，“营造良好的销售氛围”，但“歪点子”太多也会触及底线，日后黄光裕铩羽而归也因为没有守住自己的底线。

而新的商业模式正在诞生，日后国美电器被家电厂家称为“价格杀手”，一直坚持着“低价”的原则。直接从厂家批量进货，跳过经销商环节，为消费者节约了成本，成功地塑造了低价的形象。国美新店开张之时，常有顾客挤爆商场的场面发生，江湖人称“午夜杀手”。正是由于坚持“薄利多销”的原则，其资金的周转为其他同行的三倍以上，造就了中国内地的首富。

回过头来看看，20世纪80年代，那是一个众声喧哗的年代。黄光裕背井离乡前一年，1984年，被称为“中国企业元年”。1984年初中央一号文件，提出要鼓励农民兴办各类企业，给“八大王”的商业行为松了绑。也就是在那一年，中国才有真正的企业形态出现。

今天的商界精英，不少便是1984年第一批“下海”者。这一年，在中科院计算机所工作的柳传志，耐不住寂寞创办了一家公司，地点是一个只有20平方米的小传达室。也是这一年，王石“除了黄赌毒、军火不做之外，基本都涉及到了”。

而黄光裕，只是一个“赶潮”的人，在他身后，淹没了不知多少倒腾的英雄好汉。

“一条水布闯南洋”，在香火缭绕的妈祖庙前，黄光裕和他祖祖辈辈穷困潦倒、迫不得已漂洋过海的先人一样，在刀光剑影中、在战火纷飞中闯荡天涯。

“民国时你老爷爷走南洋，也是穷得拴一条水布上红头船。不要怕，去吧！阿婆求佛祖保佑你，你老爷爷飘过海，也会保佑你的。”

潮汕人穷到身无分文、走投无路时，就顺流漂泊，到暹罗（泰国）、猪槽去了。一代又一代，潮汕人遍布世界各地，成了“东方犹太人”。

和很多杰出的潮商远走南洋一样，中国首富李嘉诚先生幼年时随父逃难到了香港。刚踏上他乡，他们一无所有，“所企五脚砌，所吸烟仔蒂（住在屋檐底下，捡别人抽剩的烟头吸）”，他们靠着出卖廉价的劳动力为生，“个钱三点汗”（赚一分钱要流三滴汗）。正是凭着这种刻苦耐劳的精神，一点一滴地积累着原始资本，他们的创业史，印证着“铜钱出苦坑”的俗语。而这种脚踏实地的经历，是性格浮躁、喜欢投机取巧的黄光裕所难以具备的。

黄光裕的光荣与梦想

许多年以后，当记者问黄光裕，你觉得汕头这个地方对你的性格和命运有什么影响？黄光裕说：“我有一年多半时间在北京，因为北京的市场大嘛。在北京人家说我是外地人，在汕头他们也说我是外地人。我到底是哪里人，连自己都搞不清。汕头当然是块福地了，历代以来就是搞商业的人多，搞政治的人少，社会气氛对我影响很大。”

2006年4月21日，博鳌亚洲论坛召开，分论坛“我们时代的青年领袖”邀请了事业如日中天的黄光裕。主持人介绍黄光裕的时候说：“国美电器是中国最大的家电零售巨头，在130多个城市有160多家商店，年收入超过了400亿人民币，黄光裕先生将给我们讲述他如何把梦想变成现实。”

这也是黄光裕少有的一次自我剖析对“出人头地”的理解。黄光裕说：“从创业到现在，我着重把我的梦想转换成为目标。因为我们起点比较低，我一般都是站在一个敢想、敢做、坚持的角度来思考问题。因为敢想，就是要树立一个切合实际的、比较远大的目标；敢做，就是要将这些想法付诸实施，取得实际的效果；坚持，因为每件事情在实施过程中是很漫长的，你在这个过程会遇到很多困难，也可能会有很多惊喜，当然任何事情困难都是比惊喜要多的。坚持是非常必要的，也是成功的决定因素。”

黄光裕说：“在整个过程中，我个人来讲把握的准则是‘错了就改’。我认为事情应该多方面探讨，办法可能只有一个，但是找到真理、找到办法是非常不容易的，你就要有勇气去尝试，有勇气改变你的错误，在这个过程中不断创造价值。”

黄光裕说：“每个人、每个企业单纯讲差别我认为都是不大的，因为成功往往只有半步的差距，半步的胜出是需要很多努力才能得来的。成功源于梦想，我们的梦想是时代的梦想。同时，我们更加要做的事情是将梦想付诸实施，自己去做一个实施梦想的实践者和捍卫者。”

黄光裕说：“梦想有大道和小道之分，取道的不同，人的人生价值和企业的发展道路也就有所不同。走小道我认为是投机取巧，追求短期利益成不了大气。我走大道是要有益于社会，将自己的梦想建立在多方受益，并能够承担公正责任的基础上。不仅关注企业自身发展，更要关注国家和社会的发展。只有在社会发展的大环境下，才有可能实现自己的目标，这才是企业发展的大道。”

黄光裕说：“我个人和企业20年来的发展历程正是遵循着这样的规则走到今天的。现在看看发展道路，和中国20多年改革开放大环境是分不开的。1985年中国商业经济有所发展，在这一大的背景下，我才有机会创造自己的事业，才有机会追求自己的梦想。到了1990年年初，中国市场经济程度越来越高，市场的规则也逐渐走向成熟。也是在这个时期，国美才走出了北京，实现了全国连锁。到了2001年，中国加入世贸组织后，我们一方面做好与国际巨头竞争的准备，另外一方面，也在进行国际化市场的探索，先后在香港、澳门等地方开设我们的销售网络。”

黄光裕说：“中国要成为经济强国，就要拥有世界级的品牌、世界级的企业，积极进行核心技术的创新，这才是我们所要努力的目标，也是我们这一代人的梦想。未来更多的发展机遇在中国，我希望让我们共同来把握这个机会，将我们的梦想转变为目标，在目标中付诸实际的行动，克服困难，不断追求。我相信只要我们坚持努力，用大志大意走大道，你我一定就能走向成功，梦想就变成为现实。我相信，未来的成功属于我们在座的大家，属于我们这一代人……”

这么长篇幅回顾黄光裕2006年标志性的发言，是为了听一听这位如今身陷囹圄的首富内心的一些想法。黄光裕的讲话如今听起来恍如隔世，但我相信，在某个时刻，黄光裕自己认为他就像在主席台上庄严宣誓的一样，一切都是真实的。

首富肯定来之不易。敢想、敢做、坚持，我们相信黄光裕一定做到了，起码比一般人做得更好，要不哪有国美的今天？可惜“错了就改”的准则似乎难以贯彻始终，或许有时他认为自己做的并没有错。企业的大道与小道，如果黄光裕今天还站在演讲台上，我相信他可以继续实践他的大道，一个富裕的人并不会太排斥偶尔做点好事。2008年5月，黄光裕向四川灾区捐款5000万港元。而梦想是每个人都有的，只是抵达梦想的道路各不相同。

最伟大的潮商李嘉诚先生，谈及成功或者梦想少了黄光裕的夸夸其谈。李嘉诚先生说："逆境的时候，你要问自己是否有足够的条件。当我身处逆境的时候，我认为自己有足够的条件，因为我勤劳，节俭，有毅力，我肯求知，肯建立信誉！"

在李嘉诚所有成功因素之中，勤劳排在了第一位。少年的李嘉诚在茶楼当跑堂，经过一天的工作之后，其他跑堂的小伙子早已睡去，李嘉诚先生依然在挑灯夜读，李嘉诚总结说："其实年轻时我很骄傲，因为我知道，我跟他们不一样！"

这种踏实黄光裕可能要等到出事之后才明白，毕竟他混迹江湖的年代，枭雄四起。

李嘉诚赚的钱每一毛都可以公开

写下"潮汕帮"三个字时，我不敢做评价，因为我也是潮汕人。

"自己人"，潮汕人的团结让外人生畏。据粗略估计，目前潮汕人海内海外数量相当，都有近1000万人，因而有一种说法叫做"海内一潮汕，海外一潮汕"。

海外的这些潮汕人，在异国他乡忍辱负重，勤劳俭朴，终有所成。有的成为大富豪，比如李嘉诚，也有的成了所在国的高官，比如泰国就有许多潮汕籍的高官。

在潮汕人"一条水布下南洋"的年代，一个潮汕人下南洋，可以随便投奔一个素不相识的潮汕人。彼此间只需一个"身份证"，那就是潮汕话。

潮汕话有八个调，要想蒙骗难如登天。潮汕人是"会讲潮州话，走遍天下都不怕"。只要下南洋的年轻人会讲潮汕话，能说出他父母、亲戚，对方就完全有理由相信他并帮助他，让他在那里白吃白住，直到找到工作，成家立业。

这也是潮汕人在海外恶劣的生存环境下的团结。所以，黄光裕在北京开家电小铺子，只有老乡才肯借给他空纸箱。

黄光裕随后的事业发展中，一直离不开潮汕人的帮持。黄光裕登上第一个事业高峰，拥有第一家上市公司，就是靠潮汕老乡詹培忠。詹培忠9岁到香港，23岁开始炒股。1991年至1998年期间曾代表金融界及金融服务界为立法局议员。以买壳、洗壳、卖壳著称，据说其先后运作的壳达到20多个。

2000年，詹培忠先以现金购得京华自动化大股东的多数股权，随后多次“供股”，定向增发已发行总股本20%之内的新股份，不需要停牌和经过股东大会决议过程，逐渐引入黄光裕的资本。

2002年2月5日，京华自动化发布公告，增发13.5亿股新股，每股0.1元，增发部分全部由黄光裕独资的BVI公司Shining Crown 以现金认购。2002年7月，京华自动化发布公告正式更名为“中国鹏润”。

在詹培忠这位高人的指点之下，2004年6月，价值仅2亿元的国美电器，经过一系列眼花缭乱的变幻，一夜暴涨40多倍，手法的精妙让同行瞠目结舌。

而在黄光裕的事业中，还有两个潮汕人值得一提：最高法院原副院长黄松有，公安部原部长助理、党委委员郑少东。黄光裕、黄松有、郑少东，在内地是潮汕人的“翘楚”，也是此前最风光无限的内地潮汕人。一个是首富，两个是副部级干部。

黄松有，1957年生，广东汕头人。1978年恢复高考后，黄松有考入西南政法学院，毕业后被分配到广东省高院。经过自己的努力，他从一名普通的书记员一步一步奋斗。1997年3月起，任广东省湛江市中级人民法院院长、党组书记、市政法委副书记。

在中院院长的任上，湛江发生了涉案金额高达160亿元人民币的特大走私案件，为中国1949年以来最严重的一起走私案，震动了北京高层。当时，该案由中纪委直接牵头，会同最高人民检察院、公安部、审计署、海关总署等中央国家机关组成调查组进行调查。“湛江走私案”案情相当复杂，虽然属辖区内丑闻，却让黄松有大展才华。当时黄松有亲自组织、主持了相关审判工作，一审成名。最后整案31人被判刑，其中6人被处以死刑。

在“湛江走私案”审理中，黄松有出色的审判能力和扎实的法学功底得到了发挥和展现。事后，黄被广东省高院记二等功一次。

在广东期间，黄还参与、组织了“番禺特大抢劫银行案”、“深圳连环杀人案”、“中山抢劫银行杀人案”等一系列有全国影响的大要案审理工作，业绩斐然，得到了北京的肯定和赏识。最终于2002年12月升任最高法院副院长、二级大法官。

郑少东，1958年生，广东潮阳人(与黄光裕是同乡)，广东省社会科学院中国近现代史专业毕业，18岁便入党。长期在广东从事刑事侦查工作，曾组织指挥侦破“东星轮”千万港元劫案、张子强特大绑架案、“长胜轮”特大海上抢劫杀人案等重大刑事案件，屡立战功。在任职公安部经济侦查局局长期间，还完成了陈良宇案的侦破。

原本潮汕人的骄傲如今令人唏嘘。反观一步一个脚印的李嘉诚，这位年逾七十的老人说：“不义而富且贵，于我如浮云。是我的钱，一块钱掉在地上我都会去捡。不是我的，1000万块钱送到我家门口我都不会要。我赚的钱每一毛钱都可以公开，就是说，不是不明不白赚来的钱。”

当记者问黄光裕，“君子爱财，取之有道，你怎么理解这个‘道’？”黄光裕说，这句话对生意人来讲无可厚非。尽量地给对方让利，让人家对你更有好感，回头继续和你做买卖；给消费者让利，让他们多买你提供的产品，都算是良好的生财之道。企业做到这个程度，“诚信”二字是基本的风格，等于做人的品质。如果你要玩坑蒙拐骗，可能还是有（赚钱的）机会，但你能否不这样做，而去做一些更可为人所接受的事情？

什么是“做对的事”？讨论的结果就是为更多人所接受的事：给人好的结果，或者照顾他，甚至只是满足他内心的感觉。也许你生意上成功了，但更多的人不接受你（的做法），那还是不成功，最终会导致失败——这也算是做生意的“道”吧！

道可道，非常道。

荣智健：
红色资本黯然褪色

中信泰富主席荣智健的谢幕是否意味着建国60年之后，红色资本家再也不是共和国政治力量中的一环？毕竟，属于上一代的交情，不可能让商业与政治继续联姻。

2009年4月8日下午6时，荣智健的座驾缓缓驶出他奋斗了20多年的香港中信大厦，直到车子开了很远，他才回头看了一下。一个红色家族的百年背影，就在这匆匆一瞥中定格。

52年前，时任国务院副总理的陈毅，曾将荣智健之父荣毅仁称为“红色资本家”。过去的百年变迁，荣氏家族从晚清到建国初期再到改革开放，一路顺风顺水，大风大浪只等闲。荣氏家族的荣耀沉浮，已然成为中国民族工商业发展轨迹的重要部分。这一次，家族的衰落暗含时代的变迁，意味着终结吗？

祖训抵挡不了蛊惑　I kill you later

太容易赚的钱，也容易失去。

“固守稳健，谨慎行事，绝不投机”，荣氏家族的祖训早就在提醒荣氏家族第四代翘楚荣智健。作为实业起家的荣氏家族，自然知道稳打稳扎的重要，但经过西化和洗脑的荣智健的子女，显然对艰苦经商的老一辈的至理名言感悟不深。

2008年，金融海啸袭来，一个个裸泳者浮出水面。2008年10月20日，中信泰富突然发出盈利警告，指为对冲澳元升值风险，锁定公司在澳洲铁矿项目的开支成本，与汇丰及法国巴黎银行签订多份“累计杠杆式外汇买卖合约”，其中三份涉及澳元，最大交易金额为94.4亿澳元。一夜之间，中信泰富股价急跌55%，收市报6.52港元，回到18年前的水平。

累计期权(Accumulator)，这就是引致荣氏家族谢幕的“对赌协议”，江湖人称“I kill you later”，这个谐音的说法就是“回头我就灭了你”。在荣智健签订的那些合约里，并未考虑相关货币贬值而设定止损金额，从而为日后的无限量亏损埋下祸根。

看到那些合约，江湖人说，中信泰富要么傻了，要么疯了！经过测算，中信泰富最多只有4亿人民币的收益，却要承担120亿人民币的风险。

说是“对赌协议”，那是高估了中信泰富。对于中信泰富而言，这些合约都有盈利上限，每月结算澳元合约是5150万美元、每月结算双币合约是200万美元，每月结算人民币合约730万人民币。

同时，中信泰富对澳元走弱、欧元走弱却完全没有估计到，形成一个巨大的风险敞口。对于每月结算澳元合约和每日结算澳元合约，以当时1澳元对0.679美元估算，中信泰富需以0.87美元的价格买入91.83亿澳元，亏损17.54亿美元（约120亿人民币）。

加上其他合约亏损，中信泰富当时的亏损大约是124亿人民币不到、约合140亿港元多一点。总的来看，这些合约的盈利目标只有区区不到4亿元人民币，风险却放大到了超过120亿元人民币，而且理论上还可以继续亏损，直到中信泰富破产。

这场赌博的规矩一开始就不公平。“对赌协议”规定，中信泰富每月按澳元兑美元1：0.87的固定汇率兑换澳元，直至2010年10月。如果澳元继续升值，中信泰富将赚取巨大的外汇差价。如果澳元下跌，中信泰富不仅损失外汇差价，还必须按“对赌”原则以高价加倍买入澳元。

这种玩法就像荣氏家族第一代的晚清乡里豪赌，把自己押上，赢了有惊无险，无本万利，如果输了，连自己都要陪进去。

事实上，2008年7月中信泰富还在大举做多澳元之时，多数投行已开始看淡澳元走势，一般而言不可能像中信泰富这样单边押注。美国康奈尔大学金融学教授黄明表示，双方的对赌“犹如普通人与乔丹一对一进行篮球比赛”。据中投证券衍生品部门的估算，中信泰富的澳元合约在签订之际，对手银行合计收取的佣金已在1亿美元左右。

两个月后，金融海啸扑面而来，澳元受到阻击，短期内狂跌30%，一度跌至0.6：1美元左右。在被人设置好的赌局中，中信泰富就像是条无意中闯入的“肥羊”。以前所有辉煌的战绩，回头看来都是人家的诱饵。

欺瞒与侥幸一直使得荣智健不敢直面失败，这也为日后公众的责难与检调的介入埋下了祸根。时任中信泰富主席的荣智健在2008年10月20日召开的记者会上表示，早在2008年9月7日，公司已察觉外汇合约会“带来潜在风险”。但9月12日，在中信泰富下发的有关子公司大昌行的股东通函中，却表示“就董事所知，本集团自2007年12月31日以来的财务及交易状况概无出现任何重大不利变动”。

事实跟预测的一致，2009年3月25日，中信泰富发布2008年年报称，公司全年净亏损126.62亿港元，其中外汇合同所导致的变现及市场公允值的税后亏损，为146.32亿港元。

有人说，这或许只是中信泰富的一次“失误”。2008年，世界还被通货膨胀笼罩，铁矿石价格节节攀升，荣智健为了对冲成本才出此下策。或许一开始，风险对冲原本就是投行引人入场的赌局。

君不见，无数的投资银行像苍蝇一样盯着中国企业，向类似中信泰富这样的高档客户推荐所谓高杠杆“金融衍生工具”产品，来规避“澳元不断升值”、“石油不断升价”等重大风险。

吃人的协议和待宰的羔羊

中国的企业总是成为大投行“待宰的羔羊”。2009年，几大航空上市公司公布的2008年年报几乎无一例外地出现重大亏损。其中，国航、东航、上航等3家公司以总计279亿元的亏损创下了中国民航史上最大规模的年度亏损额，几乎占到了全球航空公司去年亏损额的一半。

3家航空公司之所以亏损如此严重，原因在于其从事的“燃油套期保值合约”出现了重大亏损。其中，国航的损失达到77.07亿元，东航的亏损也有63.53亿元，上航的情况好一些，亏损额为1.7亿元。

市场评论认为，3家航空公司的套保交易之所以酿成如此严重的亏损，其错误并不在于参与了套保交易，而是在于在参与这一交易时，过分迷信境外机构的操作建议，对市场风险缺少预防机制，犯下了过度投机的错误。

过度投机是所有赌徒最后走向灭亡的根基。当年中航油陈久霖事件怎么发生的？2005年3月28日，普华永道的调查报告称：“对油价的错误判断，导致公司为掩盖问题铤而走险，不断加大赌注，亏损额终于越积越多。”中航油涉及的正是风险最大的领域之一：石油期货。

高盛的身影始终没有离开。杰润？阿朗？阿尔龙？这些翻译把我们都搞混了，我们只要记得J.Aron，高盛商品部，这个中航油亏损5.5亿美元时的第二大交易对手！

J.Aron在中航油巨亏事件中扮演了一个特殊角色——既是中航油的第八大债权人，也是中航油在石油期权交易中仅次于三井能源风险管理公司的第二大交易对家。

2005年3月16日，中航油将J.Aron告上法庭，称因J.Aron的误导在期权交易中蒙受巨额损失，要求对方作出赔偿。随后，高盛发表针锋相对的声明——中航油的索赔要求毫无根据，我们将极力进行辩护。起诉最终于事无补，次年中航油就撤诉了。

“不要轻易对赌石油价格”，私募人士认为，就像当年的中航油事件一样，2008年深南电与高盛的对赌事件又给国内的企业敲了一个警钟。

2008年10月21日，深圳南山热电股份有限公司公告称，与美国高盛集团的全资子公司杰润（新加坡）私营公司签订了两份对赌协议。

在第一份中，如果油价高于63.5美元，深南电就可以获得不超过30万美元的利润。如果油价跌到62美元以下，每跌1美元，深南电就亏40万美元，理论上最高盈利为30×10=300万美元，最高亏损额为40×62×10=2.48亿美元。

300万美元的锁定收益，2.48亿美元的无限风险，这个交易一点保障都没有。虽然考虑到签订协议的时候油价高达100美元，但此前很长一段时间石油价格不过在50美元左右。而且，在数量上也不对等，深南电的收益计算只有20万桶，而高盛子公司有40万桶。

在证券期货业的人的记忆中，深南电的对赌协议与当年中航油陈久霖的石油期货期权协议有不少类似的地方。

同样是关于石油价格的赌局，同样是J.Aron跟中国的公司，不同的是一个已经亏了5.5亿美元，一个是半途有关部门介入，警惕再次出现类似亏损。

J.Aron公司，高盛的商品部。高盛的网站这样介绍：J.Aron作为全球规模最大的商品交易机构之一，有能力在实物和金融领域进行交易。在商品业务领域的从业经验超过100年。据称高盛的利润有1/3来自这家公司。

而对于大量的投资银行进入中国市场，推销衍生产品，中国证监会向中国企业集团发出警告，称它们只准利用境外衍生品市场来套期保值，不得投机。

但像中信泰富这样的对赌还在发生，而且无法拒绝，这就是悲哀。据中金公司对A股、B股、H股中所有中资上市公司的外汇及金融衍生品风险敞口所作的调查显示，有93家存在外汇敞口，有27家持有外汇衍生产品资产，其中已经发生巨额套保损失或汇兑损失的不在少数。而在所有涉足外汇及金融衍生品交易的上市公司中，大多并未获得中国证监会或其他有权机构所核准的准入资格。

2009年，坐了1035天牢的陈久霖从新加坡樟宜监狱出来，对媒体说，他要向上级组织讨个说法。

陈久霖的理由很简单：责任不应由一人承担。中航油（新加坡）所从事的石油衍生品交易，是经过公司董事会、证监会和民航局批准的，而定罪的主要起因之一——股票配售也是经过批准的。

“卖国家股我能个人决策吗？中航油集团都决策不了！”陈久霖表示。他的律师在法庭上辩护说：“有关公司期权交易的所有决定都是集体决定。2004年10月之前，这些决定都是在公司内部专家及外部专家的一致强烈建议下作出的决定。2004年10月之后，这些决定直接由集团公司负责。”

为什么悲剧总在发生？面对如狼似虎的国际投行和对冲基金，一个个待宰的羔羊总以为捡了一个大便宜。

荣智健辉煌历史黯然失色

在1999年到2007年连续9年登上“胡润百富版”的，只有3个人，其中一个就是荣智健。

1978年，荣智健只身到香港，获得父亲留在香港的股本金100余万元港币，与堂兄弟创办爱卡电子公司。

1982年，荣智健出售公司爱卡，获得750万美元，4年资产增长56倍，一举成名。

1996年，中信香港将3.3亿中信泰富股份，以33元每股的价格出售给荣智健等65位管理层成员，涉及资金109亿元，荣智健一人购得2.91亿股，一夜之间财富上升至177亿元。

2003年，荣智健以8.5亿美元荣登《福布斯》中国富豪榜第一位。

2005年，荣智健以16.4亿美元的身价，再次登临《福布斯》中国富豪榜榜首。

荣智健，这个红得发紫的红色资本家，这个被认为目前中国最强势的商界人士，这个已经67岁仍可出入中南海的老人，一生原本就是中国现代史的传奇。

但就在2009年4月8日，荣智健无奈地辞去中信泰富董事长一职。5天之前，作为对中信泰富涉嫌虚假陈述和串谋欺诈行为调查的一部分，香港警方搜查了该公司总部。

“中信泰富董事会各位董事：2009年4月3日，商业犯罪调查科根据搜查令要公司及董事提供资料，在社会上产生了很大影响，面对这个现实，本人觉得退位让贤，对公司最为有利。谨此，向董事会提出辞呈，恳请董事会接纳，建议由大股东委派人选接替。谢谢董事会多年来对本人的支持。”

4月8日，荣智健这寥寥百字的辞职信引得股价大涨，对这位叱咤风云多年的商界巨子来说，似乎是一种讽刺。4月9日中信泰富股价开盘狂涨，中午收报涨13.41%。

荣智健1942年出生于上海，是中国国家副主席荣毅仁唯一的儿子。1949年对于大多数的中国资本家来说日子并不好过，但荣氏家族却享受中国对待资本家的最高荣耀。

在解放初期，实行公私合营成为改造民族工商业的一条有效途径，荣家在上海是当时最积极配合这一行动的。公私合营之后，荣毅仁当时作为上海民族资本家的总代表，当选上海市副市长，而作为资本家家族，荣家多次被毛泽东提起、接见。

“文化大革命”期间，荣毅仁成为红卫兵的专政对象。荣智健也受到牵连，他被发配到极其偏远的四川凉山自治州龚嘴水电站工作。

1971年，荣毅仁在周恩来的关照下，回到北京。荣智健也于1972年来到清华大学电机系，参与华北电力系统的稳定研究。

1978年，在邓小平的主持下，荣毅仁被委任为全国工商联副主席。伴随着父亲命运的转机，当年6月，36岁的荣智健携带着简单行装和单程通行证来到香港。

真正让荣智健获得巨大财富和声誉的是加盟中信。中信全称中国国际信托投资公司。1979年，荣毅仁向中央建议成立一家国际投资信托公司，主要的作用是“从国外吸收资金，引进先进技术，为四个现代化服务……集中吸收国外投资，按照国家计划、投资人意愿，投入国家建设”。邓小平对该提议非常赞同，在他的支持下，当年10月，中国国际信托投资公司成立，63岁的荣毅仁担任董事长。1985年，荣毅仁决定投资香港，为了便于在香港开展业务，香港中信公司正式成立。

1987年，加入中信仅一年的荣智健完成了加盟以来的第一次大型收购，香港中信以19.36亿港币收购了国泰12.5%的股份，香港中信也成为国泰的第二大股东。

香港航空业的持续繁荣证明了荣智健的判断，国泰也成为香港中信大规模投资的第一个成功案例。1990年，中信香港又入主另外一家香港航空公司港龙，成为港龙的第一大股东，从而结束了两家航空公司长达6年的争斗。

不断吞并是荣智健的本事。到1990年，香港中信已经拥有国泰航空12.5%、香港电讯20%、港龙航空38.3%、香港东区海底隧道23.5%、澳门电讯20%、亚洲卫星公司33%、和记传讯2%、百富勤9%、嘉华银行74%的股权，另外中信又开始反哺内地，投资4亿美元在内地兴建发电厂。这些资产加在一起，香港中信的总资产已经接近200亿港币。

在急剧的扩张中，最短缺的就是资金，荣智健想到了借壳上市。他找到了中国的首富李嘉诚。李嘉诚任中信董事10年，而中信则拥有其控股公司和记电讯的股份，李嘉诚十分欣赏荣智健，对他的这个想法，表示支持。

1990年1月，百富勤宣布向泰富主席曹光彪以1.2元/股的价格购入其泰富股份，并以同样的价格向小股东全面收购。

1991年6月，泰富经改组、集资、扩股之后，股权分配是：中信49%、郭鹤年20%、李嘉诚5%、曹光彪5%。泰富正式改名中信泰富，荣智健任董事长。1990年6月，荣智健把中信名下的12.5%国泰航空股份，作价28亿余港元，悉数注入中信泰富，接着又将20%的澳门电讯作价2.5亿港元，注了进去。中信泰富成为香港股市上首屈一指的红筹股。至此，荣智健一飞冲天。

1996年12月，北京中信同意以25%的折让价，即每股33元，配售3.3亿股中信泰富，给以荣氏为首的管理层，其中2.91亿股由荣智健独得，荣的持股上升至18%(3.8亿股)，成为公司第二大股东(第一大股东一直为北京中信)，个人财富上升至177亿元。

荣智健曾连续3年稳坐《福布斯》中国内地富豪排行榜前三名的位置。从2002年的7.8亿美元，到2003年的8.5亿美元，再到2004年的14.9亿美元，仅隔两年荣智健的财富几乎翻了一番。但2008年10月，荣智健的资产从2008年的35亿美元跌到7.5亿美元，损失高达75%。

1994年，荣智健曾对媒体说："假如我不是荣毅仁的儿子，我今天不可能做香港中信的副董事长兼总经理。但假如我仅仅是荣毅仁的儿子，而自己没有能力来经营，香港中信也不会发展成今天这样的规模。"

"固守稳健，谨慎行事，绝不投机"

荣智健出入中南海的光环，从此黯然失色。但回顾近百年的历史，荣氏家族的红色印记鲜艳无比。

自荣熙泰以降，历经荣德生、荣宗敬兄弟兴业，荣毅仁维系，荣智健已经是近代荣氏家族第四代了。2009年1月，《荣氏宗谱·梁溪卷》举行了颁谱庆典，荣毅仁、荣智健父子的录入显得浓墨重彩。

在中国，没有一个家族像荣氏家族一样辉煌。在中国的近现代史上，荣氏家族意味着：中国纺织大王、面粉大王荣德生，中国国家副主席荣毅仁，巴西环球公司总裁荣智宽，德国尤尼可公司经理荣智美。

荣氏家族第一代荣熙泰，地道的商人。1849年出生于无锡荣巷，幼年即赴上海做铁匠铺学徒，后被举荐到清政府广东三水河口厘金局，逐渐迁升至总账。晚年在上海开办广生钱庄。留有遗训：“固守稳健，谨慎行事 ，绝不投机。”

荣熙泰之子，荣宗敬、荣德生兄弟，让荣氏家族名扬天下的资本家。早年跟随父亲经营钱庄，从1901年起，先后在无锡、上海、汉口、济南等地创办保兴面粉厂、福兴面粉公司、申新纺织厂，被誉为中国的“面粉大王”、“棉纱大王”。日本侵华后，荣氏家族产业遭到重创，荣宗敬避居香港，1938年病逝。荣德生坚守上海，与日伪周旋维持产业。抗战胜利后，荣德生多次遭军统特务绑架，被勒索大量美金。新中国成立后留居内地，曾任全国政协委员、华东军政委员会委员、苏南行政公署副主任等职务，1952年在无锡病逝。

第三代荣毅仁，荣德生之子，将荣氏家族事业推向了顶峰，也是红色资本家的代表人物。大学毕业后即参与管理荣氏家族产业，先后在无锡茂新面粉公司任助理、经理，上海合丰企业公司董事，上海三新银行董事、经理，逐渐成为荣氏二十多个家族企业的代表。新中国成立后留居内地。

让荣毅仁成为红色资本家，缘于20世纪50年代的公私合营。在社会主义改造运动中，毛泽东提出让私人资本在中国“绝种”，荣毅仁是当时国内最大的资本家。

1954年，国家对私人企业施行“赎买定息”的政策，国家根据核定的私股股额按期发给私股股东固定的股息。全国拿定息的在职私营业主为71万人，吃息代理人为10万人，这81万人就是残存的资本家阶层。其中，上海市公私合营企业中的私股为11.2亿元，几乎占总私股的一半。私股在500万元以上的五个大户中，有四人属于荣氏家族，第一名是荣毅仁的堂兄荣鸿三(在香港)，占975万元，荣毅仁则占第三位。

这一年，荣毅仁带头拉开申新纺织与政府公私合营的大幕。许多股东都不能理解，担心财产全部被充公。荣毅仁却说，社会主义是大势所趋，不走也得走。只要接受改造，大家都会有饭吃有工作，而且可以保留消费财产。在政策的推动下，荣家在内地的所有工厂，发展了大半个世纪的产业，一夜之间全部公私合营，收归国有。

荣毅仁由此也获得了共产党的尊重和支持。当时的国务院副总理陈毅称荣毅仁为“红色资本家”，并以上海市前市长身份，为他助选上海副市长。

从此，荣毅仁走上了一条亦官亦商的“红色资本家”之路。1957年出任上海市副市长、市工商联副主委。1959年任纺织工业部副部长、国家进出口管理委员会顾问、中国和平统一促进会会长。1978年任第五届全国政协副主席。1979年受邓小平委托，创办中国国际信托投资公司，并任董事长兼总经理，为中国的改革开放做出卓越贡献。1993年出任国家副主席。2005年逝于北京。

从荣毅仁开始，红色的烙印深深地铭刻在荣氏家族的身上。2005年，荣毅仁逝世，给荣毅仁最后的评价是：中国现代民族工商业者的杰出代表，卓越的国家领导人，伟大的爱国主义、共产主义战士，中华人民共和国原副主席，第六、七届全国人民代表大会常务委员会副委员长，中国人民政治协商会议第五届全国委员会副主席，中华全国工商业联合会原主席，中国国际信托投资公司原董事长荣毅仁同志。荣毅仁的一生，始终在资本家与政治家之间转换。

在“文革”中，荣毅仁身处逆境，英雄无用武之地。中共十一届三中全会之后，荣毅仁才得以施展才华。1979年1月，邓小平在约见工商界和民主党派人士时，希望荣毅仁等能围绕改革开放做一些实际工作，发挥自己的作用。在其他人士向邓小平提出要“摘除资产阶段帽子”时，荣毅仁却提出了吸资兴办实业的建议，并获得邓小平的首肯。

一个月后，荣毅仁向中央提出了《建议设立国际投资信托公司的一些初步意见》。当年6月，国务院正式批准成立中国国际信托投资公司（简称CITIC或中信公司）。10月，中信公司正式成立，荣毅仁任董事长兼总经理。曾在上世纪50年代公私合营时名噪一时的“红色资本家”“荣老板”，再度发挥专长，直接踏入改革开放第一线。

荣氏家族有400多位亲属分布在世界各地，其中大多都是工商界及科技界知名人士。得到了海外亲友的帮助，荣毅仁本人通过自身的影响力和妥善运筹，使得中信公司在为中国利用外资、引进先进技术和设备领域中成效卓著。

1993年，第八届全国人大选举荣毅仁为中华人民共和国副主席，这位76岁的红色资本家又重新扮演起政治家的角色，再次把自己亲手缔造的商业王国交给了他的助手魏鸣一和王军。

而到了荣智健这一代，辉煌仍旧延续。在香港，荣智健掌管的中信泰富被港人戏称为“紫筹股”，有紫气东来之意。

中信泰富连年业绩优良，被视为蓝筹股。“蓝筹股”一词来自美国人打牌下的赌注筹码。由于蓝色筹码优于红色及白色筹码，因此市场便把实力雄厚而在股市上活跃的股票称为蓝筹股，香港股市以往蓝筹股都为本土企业，这些公司市值大，股份流通量高。

红筹股一般泛称在香港上市而其相当股份或股权由内地机构持有

的中资企业，而其主要股东及管理层背景亦主要来自内地。由于荣智健背靠中信集团，因此又被看作红筹公司，红色配上蓝色，自然就是紫色了。

从投资者对中信泰富的“紫筹股”的独特称谓就可以看出，外界对于这个中国第一红色资本家族的推崇。

荣氏家族及其庞大的商业王国，兴盛百年、延续四代，成为中国近现代史上的一个传奇。其秘诀何在？

研究荣氏家族的专家们普遍提到了荣家的两条家训。一条是荣毅仁的祖父荣熙泰临终遗训“固守稳健，谨慎行事，绝不投机”。荣德生父子都恪守这条遗训。荣德生曾说：“我是一个事业家，不是一个资本家，我所有的钱全用在(面粉、纺织)事业上面。”1987年，荣毅仁在中信公司全体职工大会上说：“我们搞项目，花架子别搞，歪点子别搞。”

另一条则是荣德生写在无锡梅园的一副楹联：“发上等愿，结中等缘，享下等福；择高处立，就平处坐，向宽处行。”这条家训包含了几种重要的企业家精神：敬业、节俭、灵活圆通的处世态度和强烈的社会公益心。

对于这次荣智健的黯然离去，荣氏家族研究专家、《荣毅仁》一书作者计泓庚说：荣毅仁曾讲过，荣家做生意做的是实业，只投资，不投机。现在荣智健出的问题，其实很简单，就是出在澳元投机上。

随着荣智健的谢幕，红色的印记正逐渐消失。

荣明杰、荣明方　红色资本的终结？

2009年4月11日，国务院总理温家宝在泰国第一次明确表示中国政府对于中信泰富巨亏事件的立场：“中信泰富发生的问题，要根据香港特别行政区的法律和金融监管的法规来进行处理，内地和其他各个方面都不要干预。”

荣毅仁曾经得到毛泽东、陈毅、周恩来、邓小平等国家领导人的垂青，如今的荣智健虽说也可以混迹于庙堂之中，但显然不可同日而语。

但作为中国一号红色资本家，荣智健的能量绝对不能忽视。一个例证就是，1996年，荣智健向中信集团董事长王军提出分家请求。此时，父亲荣毅仁已经成为国家副主席。

据称当时中信集团内部高层，没有人相信王军会同意荣智健的请求。但结果以荣智健为首的中信泰富管理层获得了25%的股权，而荣氏也一跃成为中信泰富第二大股东。

在对中信泰富实施管理层收购后的第二年，荣智健就遇上了亚洲金融危机。荣智健在危机中侥幸逃难也是因为有政治支持。

1997年亚洲金融危机爆发，中信泰富的股价一路下跌，荣智健在香港银行的股权融资贷款需要追加抵押品，但个人已无力支付。如果没有外界的支持，荣智健的帝国摇摇欲坠，而此时，香港人人自危，不少商界巨子就在这场劫难中一蹶不振。在紧要关头，中信集团向荣智健提供了近10亿港元的贷款支持，这笔巨额贷款在1997年可是个天文数字。凭借深厚的政治资源，荣智健终于躲过劫难。两年后，这笔借款才全部还清。

1997年，荣智健发挥更多的作用，《荣智健传》讲述，外商批评中信泰富乘1997过渡之便，在香港左买右卖。在香港，荣智健是风头人物，人人想通过他打开一条通往内地的光明大道。荣智健的长于斡旋，使得中信泰富走上了一条独特的发展之路。“公私分明、公私混合、共同投资、共同发展”，一条十分复杂的政商道路成为荣智健独特的发展路径。

如果不是有丰富的人脉资本，换作其他人，早已难以支撑。而且，多少顾及当时荣毅仁的影响力，荣智健创业之初的诸多并购才得以顺利进行。李嘉诚、郑裕彤等香港商界名流对荣智健也是照顾有加。

若然没有这次147亿港元的巨额亏损，中信泰富主席的位置有可能将传给荣智健的子女荣明杰和荣明方。中信泰富近几年掉头转而投资内地经济的业务，多由荣明杰负责，而公司最为重要的财务部，由荣明方在其中担任财务主管的职位。

神话随着时代的变迁正在蜕变。中共十六大之后，“红顶商人”慢慢演化成为一个贬义词。2008年，经济学家吴敬琏在一次纪念改革开放30周年的论坛上称：谨防政府介入微观经济活动，我们不应将矛头指向富人，而应指向“红顶商人”。

澳元事件之后，中信泰富的股权结构发生了变化。荣氏家族显然已经被边缘化。2008年11月，中信集团表示将承担中信泰富91.55亿港元的澳元杠杆外汇合同损失。作为交换，中信集团在中信泰富的持股比例从原来的29%上提高到57.56%。这意味着中信集团实际上接管了中信泰富。荣智健本人在中信泰富的持股最终从19%被削弱到11.5%。但不管怎么说，荣智健的长子荣明杰、爱女荣明方还在中信泰富。

评论人士认为，从一个更广泛的视野来考察，中信泰富以及荣智健的30年沉浮，让我们想起英国历史上的东印度公司。该公司成立于1600年，是英国对印度和东南亚各国经营垄断贸易、殖民掠夺而特许设立的公司，不仅享有贸易独立权，还有权代表政府订立条约和和约，有权组建军队，有权发动战争。总之，“官商一体”的模式使它鼎盛一时。

但是，作为商业垄断资本的代表，东印度公司最终无法抵御工业资本的迅速发展壮大对它的侵蚀。从18世纪60年代起，东印度公司开始走下坡路。1813年，其对印度的贸易垄断权被取消；同年，英政府又取消了它对中国的贸易垄断权。种种权力被取消后，东印度公司最终在1858年走向终结。

多年之后，西方商业经历的历史，正在我们身上上演。在过去的100年里，荣氏家族经历了从晚清、民国、抗战、解放、“文革”，直至改革开放的所有历史性变局，直至“荣智健时代”的终结，这些带有鲜明时代烙印的事件，正是中国商业时代所经历的反复与曲折的典型折射。

但著名企业史家吴晓波认为，回望荣家百年历史，至少有三次险情比这一次要大得多，荣家也活了过来，百年家族岂是区区100多亿元的亏损就能击倒的？与上三次危机相比，此次荣智健辞去中信泰富董事长一职，其资产缩水33亿美元，但是他仍然在中信泰富拥有超过11%的股份，只要不涉嫌刑事纠纷，日后的东山再起，或有可期。

不管怎么说，红色资本家已经成为一个历史的印记。荣明杰、荣明方这些荣氏家族第五代灵魂人物，征战江湖的政治资本已然日趋微弱。

麦道夫：社保也是个庞氏骗局

“你可以在部分时间欺骗所有人，或者在所有时间欺骗部分人，但永远不能在所有时间欺骗所有人。”林肯的这句名言似乎为麦道夫（Bernard Madoff）的落网作出了预言，但我担心的不是麦道夫500亿美元的庞氏骗局，而是：下一个倒下的麦道夫会是谁？巴菲特、索罗斯、罗杰斯……这些名头响亮的家伙是不是也会坑我们一把？

从身边的人开始行骗

如果不是有次贷危机，如果不是麦道夫自己站出来，谁知道这场骗局会持续到哪一天？

2009年3月12日，麦道夫，这位前Nasdaq交易所主席用10分钟时间平静陈述长时间、遍及全球的庞氏骗局(Ponzi scheme)。

“开始庞氏骗局时，我以为会很快结束，我有能力让自己和客户从这个计划中脱身。”穿着灰色西装的麦道夫神色凝重地对曼哈顿联邦法院的法官说道。

“后来，我意识到我最终被捕和现在的下场是不可避免的。”这项计划将新到投资者的资金支付给早期投资者，但随着金融海啸的来临已经难以持续。

看看这些无比华丽的报表与令人敬畏的机构——法国巴黎银行、西班牙国家银行、苏格兰皇家银行、日本野村控股，甚至大家所熟知的英国汇丰控股，全部身陷麦道夫“基金中的基金”设下的华尔街历史上最大的“庞氏骗局”，你就会对此前华尔街的权威严重质疑。

连有“野蛮人”之称的对冲基金也成了“小羔羊”，全球最大公开交易对冲基金德国曼氏集团投资了3.6亿美元于两个与麦道夫有关联的基金，目前看来或将血本无归。

远远不止上面这些著名的机构，麦道夫投资证券公司的网站显示，有将近1500家金融证券机构为其“庞大市场”服务，其中包括高盛、美国银行、J&J等大型金融机构。

“这些很可能只是冰山一角。”工银亚洲董事暨副总经理黄远辉认为，麦道夫诈骗案的受害者以金融机构和慈善、养老基金为主，除目前公布的外，不知还有多少潜伏待发。

据说在过去20年里，麦道夫投资证券公司名下的账户每个月能像时钟一样准时产生将近1%的收益，却从不发生亏损，这就像一个神话。

麦道夫设下了俗称“庞氏计划”的金字塔式骗局，以后来投资者的本金，诡称作为回报支付给早前的投资者。可就是这样一个拆东墙补西墙的骗局，最善于投资的金融机构，为何纷纷中招？

出生于1938年4月29日的麦道夫，就读于一个不太起眼的学校——纽约长岛的霍夫斯特拉大学法学院。毕业后，做过救生员，当过水管工。在他22岁那年，不愿平庸的他开始碰碰运气，投资5000美元创办伯纳德•麦道夫投资证券公司，从事当时火热的股票经纪和自营业务。

使麦道夫出名的是其果断参与了纳斯达克交易所的创办。纳斯达克即全美证券交易商自动报价系统。1971年，华盛顿建立了全球第一个电子交易市场纳斯达克。纳斯达克并非平常意义上的二板市场。由于吸纳了众多著名的高科技企业，而这些高科技企业又成长迅速，因此，纳斯达克给人一种扶持创业企业的印象。先进而庞大的电子信息技术使纳斯达克成为世界上最大的无形交易市场。

但电子交易在20世纪70年代还是一个让交易员陌生的名词，麦道夫的天分由此显现。全美证券交易商协会一直强力推行证券交易电脑化，而麦道夫的公司恰恰是最早又最活跃的自动化交易公司，他们依靠电脑自动匹配不同证券交易商之间的报价，然后从订单中抽取佣金。最终，麦道夫与另外4家券商一起推动了纳斯达克证券交易所的创设。

那是一个用手工做股票的时代，交易过程非常慢，而且需要很多交易员，花费很多的佣金。而麦道夫提前预知了证券行业变革的趋势，靠着自动化交易，他的公司赚了很多钱。这也为其今后的“事业”获得了美誉。

随着纳斯达克交易市场的迅速成长，麦道夫的公司也迅速做大。其交易速度快得惊人，早期以秒来计算，而现在则是纳秒。其交易量也一直稳居全美交易量排名的前列。

作为自动化交易的先驱和奠基人之一，麦道夫很快就成为纳斯达克交易所举足轻重的人。1991—1993年，他担任纳斯达克交易所的主席，并一直担任全美证券交易商协会董事和证券服务业协会董事。这样一个证券业里程碑式的人物，自然赢得了很多人的尊重。

“他是证券行业里的国会议员。”大部分基金公司的CEO都这样形容麦道夫的江湖地位。麦道夫被看作现代华尔街交易体系的先驱之一。众多美国公司以邀请麦道夫担任董事为荣，他在业界一直是德高望重的象征。

麦道夫原本可以带着尊严写在华尔街的历史里，没有人知道麦道夫最初的行骗动机。事实上，多年的金融从业经历令这名犹太裔商人积累了丰厚的身家，他在佛罗里达州著名的犹太富人区棕榈滩拥有一栋价值

940万美元的豪宅。没有人料到，他的行骗就是从犹太同族人、棕榈滩的邻居开始。

麦道夫会先在富人圈里选择一些颇有名望的“macher”（这个词在犹太语里的意思是“大人物”）作为第一批客户，为他们的“投资”提供平均每月1%—2%的稳定回报，并利用他们作为诱饵，牵线招徕其他投资者。这些“macher”的现身说法是麦道夫最好的宣传，他们也能通过充当中间人获取不菲的佣金。

《华尔街日报》列举了麦道夫案中5名主要的中间人：Cohmad证券公司的副总裁贾菲主要引荐棕榈滩乡村俱乐部的富豪，他在棕榈滩拥有一幢价值1700万美元的海滨别墅，他的公司与麦道夫公司同在口红大厦办公。

私人投资者谢斯游说洛杉矶的富裕犹太家庭，他30年来一直活跃在美国和以色列的各种犹太人慈善活动中，拥有魏茨曼研究所、希伯来大学等机构董事的身份之便。

曾任美国证券交易委员会（SEC）律师的塔克把自己作为创始合伙人的对冲基金Fairfield Greenwich Group（FGG）带入了骗局，FGG的损失高达75亿美元，超过公司一半的资产。

FGG在欧洲和拉美地区的负责人彼德拉伊塔拉拢美国的拉美裔富人及欧洲、拉美的富豪。

运营Tremont集团的舒尔曼则招徕专业基金经理和信托基金，2001年被麻省相互人寿保险公司收购的Tremont集团在本案中损失了约33亿美元。

“先让投资人少投资一些，等他们在前两年尝到甜头后，自然会追加资金。”麦道夫会向中间人传授机宜，麦道夫谨慎地推销着自己的骗局。

2008年12月10日，圣诞节前两个星期，在曼哈顿的公寓里，麦道夫向他的两个儿子坦承，其实自己一无所有，一切只是一个巨大的谎言，自己已经做好了坐牢的准备。两兄弟顿时瞠目结舌：拥有数百亿资产的麦道夫金融帝国，只是由谎言构造的海市蜃楼！

从惊恐中醒悟过来的两兄弟，为了不被牵连其中，不得不“大义灭亲”，当晚就向监管机构揭发了这个巨大的骗局。被捕时，麦道夫正准备将100张总值1.73亿美元的支票寄给亲友。

麦道夫骗局曝光后，多名中间人被提起诉讼，但尚无一人被认定是麦道夫的“帮凶”。根据麦道夫2009年1月7日向SEC提交的文件，他的投资管理业务直接客户仅11—25名，管理171亿美元的资产。但由于这些客户除个人外，还包括金融机构、对冲基金，因此受牵连者不断扩大，甚至中国的“打工皇帝”唐骏也因此损失300万美元。最终受害者的数字可能达到4000多家。而这些涉案的金融机构也面临投资者的诉讼。

一个只有麦道夫自己知道的秘密骗局让全世界成千上万人跟着受罪。

南瓜南瓜，谁敢说话？麦道夫的秘密

麦道夫的手法或者可以为中国的私人银行业务开展借鉴。

在麦道夫的骗局里，客户以“受骗”为荣：麦道夫为自己的资产管理圈设置了很高的进入门槛，客户必须经过中间人的介绍才能进入，似乎加入就意味着赚钱。麦道夫经常拒绝那些站在别墅门口唯唯诺诺的小额投资者，在很多人的眼里，麦道夫的俱乐部是一个神秘的小圈子，比拥有一个五星级的高尔夫会员金卡还要荣耀得多。有些人每年花几十万美元保持俱乐部成员的身份，就只是为了接近麦道夫，或者说能够在“上流社会”出入。

如果你进入一个高级私人会所，你会不会到厨房看看那里有没有老鼠，以求保证盘子里的糕点还能咽得下？

当“能把钱投给麦道夫”变成一种身份的象征，就连精美的银行家和分析师也失去了判断力，大家蜂拥而至，形成羊群效应。

进入门槛太高，投资者便没有讨价还价的余地。麦道夫更改着游戏规则，不时将那些捣蛋者逐出圈外。

“南瓜南瓜，谁敢说话？”你必须学会沉默，学会遵守秘密规定，麦道夫的游戏规则像13世纪西西里黑手党的“噤声律令”。他很少像巴菲特一样每年召开投资者会议，汇报一年的投资情况。在麦道夫那里，投资者要么信任，要么离开。投资者对麦道夫应该是没有疑问的，如果你想每个月定时在银行账户里获得1%的稳定回报的话。

麦道夫公司网站上的宣传文字就以他本人为号召。公司网站上写道：“麦道夫重视维持价值、公平交易和高道德标准的记录，而这也向来是本公司的品质保证。”

《华尔街日报》一名专栏作家说，麦道夫经常以“神秘的魅力和排他的方式”来引诱受害者上钩。一位大亨会到俱乐部吹嘘说：“我把钱交给麦道夫投资，而他也做得很好。”当其他人表示有兴趣时，他就会说：“你无法加入，除非你获得邀请……但我可能可以帮你。”

另一个让人对他深信不疑的理由是他的行为举止都很正派。以华尔街的标准来说，他并不是个乱花钱的人，而且他以乐善好施著称，常捐钱给犹太人和亲以色列的慈善机构。

一名对冲基金执行人员开玩笑说，如果以投资工具来比喻麦道夫，他被视为最安全的美国国库券。“麦道夫是犹太版的国库券。他是那么的安全。”他说道。

尽管麦道夫的骗局多次被华尔街日报社等外部机构质疑，其内部客户却始终保持稳定。何况，对于一个高尚人士牵头组建、全是有头有脸的人物加入的小圈子，上当的精英们恐怕也很难相信聪明如己会被人请入瓮中，也许，他们会把外界的质疑当作不能加入小圈子的醋意。成功的心理控制下，麦道夫将富人引入精心布置的骗局。

亚利桑那州立大学心理学教授罗伯特•斯亚蒂尼将这种策略形容为“威胁三合一”。对冲基金的高深莫测令投资者觉得有人生来就比自己知道得多。这种不确定性促使我们到社会上去寻找证据：那就是我们相信的人已经决定做此投资了。而通过大肆宣扬自己的投资多么具有排他性，麦道夫将投资者的恐惧从担心亏钱转换成了担心在这场赚钱大戏中掉队。

如果你真的入围了，你就会被冠以“成熟投资者”俱乐部一员的“光环”。当某个你敬仰已久的人走出门来欢迎你的加入时，再做任何深入调查都像是一种冒犯。人们还知道麦道夫会把那些提问太多的投资者赶出他的基金，所以没人想在这件事情上捣乱。

当然，平均每月1%—2%的稳定回报，是麦道夫吸引客户的关键。对于这种高收益，他的解释是自己采取了价差执行转换套利（split-strike conversion）的投资策略，即购买大型蓝筹股，同时进行期权交易以对冲风险，遇上投资机会欠佳，就改买国债。麦道夫公司提供给客户的一份财务报表显示，他买进英特尔、AT&T和IBM等蓝筹股，同时进行标准普尔100种指数的期权交易，然后在每个月末将股票全盘抛售并买进美国国债。麦道夫声称，由于“作风稳健”，他的投资能获得比行业平均水平更高的回报率和更低的波动性。

对于麦道夫“皇帝的新衣”并非没人质疑。事实上，早在1999年，波士顿的金融分析家哈里•马科波洛斯就凭常识推断出麦道夫的成功不可能是合法的，他向美国证券交易委员会提交了一份17页的陈述：“世界上最大的对冲基金是场骗局。”

16年来，麦道夫公司被证券交易委员会等监管机构调查了不下八次，但麦道夫一直声称自己操作的是对冲基金管理账户，而对冲基金因其私募属性可以被豁免登记注册等直接监管限制，从而使其资产管理业务避开了例行审查，因此，每次调查的结果不外乎“麦道夫公司违反了技术规定，未能及时报告某些交易情况，须责令整改”等。

稍微清醒的人都知道，世界上没有只赚不赔的买卖。只有当牛市转熊时，大家才会变得警惕，才会事后惊醒，但为时已晚。从这个角度来说，金融海啸，是麦道夫骗局被揭穿的导火索。

无所不在的庞氏骗局

在我们展开这一节之前先回顾一个经典的故事。这个故事在曼昆的《经济学》教程中也有提及。

很多年以前，一位爱索兰国的发明家发明了一种极低成本炼钢的方法。但是生产过程极为神秘，而且发明家坚持保密。奇怪的是，发明家不需要多投入任何工人或者钢铁炼矿，唯一需要的是本国的小麦。

发明家被誉为天才。因为钢铁在爱索兰的应用如此之广，所以这项发明降低了许多物品的成本，并使爱索兰的民众生活水平大大提高。

受到冲击，当地原有的钢铁厂倒闭了。当钢铁厂关门以后，一些原先的工人蒙受了痛苦。但最终，通过各种方法他们找到了新的工作。一些人成了农民，种植发明家需要的小麦。另一些人则进入由于生活水平提高而出现的新行业。每一个人似乎都能理解，这些工人被代替是进步不可避免的一部分。

几年以后，一位多事的报社记者决定调查这个神秘的炼钢过程。她偷偷潜入发明家的工厂，终于发现发明家原来是一个大骗子。发明家根本没有炼钢，他只是违法地把小麦运送到其他国家进口钢铁。发明家所做的唯一事情就是从国际贸易中获取私利。

当真相被披露时，政府停止了发明家的经营。钢铁价格上升了，工人回到了原先的钢铁厂工作。爱索兰国的生活水平退回到以前。发明家被投入狱中并遭到大家的嘲笑。

毕竟他不是发明家，他仅仅是一个经济学家！这个经济学家或许后来也启发了庞齐的“庞氏骗局”。

“庞氏骗局”源于一个名叫查尔斯·庞齐的人，他是一个意大利人，1903年移民到美国。在美国干过各种工作，包括油漆工，一心想发大财。他曾经在加拿大因伪造罪而坐过牢，在美国亚特兰大因走私人口而蹲过监狱。经过十几年美国式发财梦的熏陶，庞齐发现最快速赚钱的方法就是金融。

1919年，庞齐无意中发现，在西班牙只需要付一美分就能买到的邮政票据，由于汇率原因拿到美国竟然可以兑换回六美分。于是他想，要是能成批购买这样的邮政票据就可以大笔获利。

1919年，第一次世界大战刚刚结束，世界经济体系一片混乱，很多经济行为普通人一般确实不容易搞清楚。只要懂一点金融知识，专家都会指出，这种方式根本不可能赚钱。然而，庞齐一方面在金融方面故弄玄虚，另一方面则设置了巨大的诱饵，他宣称，所有的投资，在45天之内都可以获得50%的回报。而且，他还给人们“眼见为实”的证据：最初的一批“投资者”的确在规定时间内拿到了庞齐所承诺的回报。于是，后面的“投资者”大量跟进。

资金如潮水般源源不断涌来，最多的时候一周之内他竟然吸引了超过100万美元的投资，那时100万美元可是一个天文数字。

当时的庞齐被一些愚昧的美国人称为与哥伦布、马可尼（无线电发明者）齐名的最伟大的三个意大利人之一，因为他像哥伦布发现新大陆一样“发现了钱”。

可惜好景不长，1920年7月，《波士顿环球报》率先发难，对他的回报计划提出质疑，当局随即对他展开调查并要求他在结束调查之前停止接受投资人的新投资。与此同时，嗅觉灵敏的投资人开始排队要求赎回他们的投资，就像当初排队要求接受他们的投资一样。随着资金链脆断，闹剧戛然而止，“庞氏计划”彻底破产。8月13日，他被波士顿当局正式逮捕。

经过调查，当局发现在短短一年时间里，竟然有4万人购买了超过1500万美元（相当于今天的1.4亿美元）的“庞氏计划”。这些资金可以用来购买1.8亿份传说中的邮政票据，而他实际上只购买过两份！

庞齐被判处5年刑期。出狱后，他又干了几件类似的勾当，因而蹲了更长的监狱。1934年被遣送回意大利，他又想办法去骗墨索里尼，也没能得逞。1949年，庞齐在巴西的一个慈善堂去世。死去时，这个“庞齐骗局”的发明者身无分文。

但如果有版权的话，如今的庞齐不知道会富成什么样子，因为在此后将近一个世纪的时间里，形形色色的“庞氏计划”的翻版陆续出现在世界各地。

庞氏骗局的关键在于，投资诀窍神秘兮兮。就像麦道夫一样，竭力渲染投资的神秘性，将投资诀窍秘而不宣，努力塑造自己的“天才”或“专家”形象。

当年《波士顿环球时报》的记者撰文揭露庞齐的骗局，却被庞齐以“不懂金融投资”为由加以批驳。

此外，“庞氏骗局”的投资项目似乎永远不受投资周期的影响，无论是与生产相关的实业投资，还是与市场行情相关的金融投资，投资项目似乎总是稳赚不赔。麦道夫在华尔街的对冲基金也能在20年来的数次金融危机中独善其身，这些投资项目总是呈现出违反投资周期的反规律特征。如果真的遇上这样的神话，就值得警惕了。

巴菲特：下一个麦道夫?

谁都可能在裸泳，包括巴菲特自己。

巴菲特的伯克希尔•哈撒韦公司的股价在金融海啸中已经缩水大半了。2008年不断抄底，目前投资严重被套。

对照“庞氏骗局”，我们对巴菲特还是有些担心。麦道夫对客户宣称其基金在1980—1990年间的年回报率为22.6%，是同期道琼斯指数年平均涨幅的两倍。

而巴菲特的投资神话让人更加惊讶，1965—2006年的42年间，伯克希尔公司净资产年均增长率高达21.4%，累计增长361156%；而同期标准普尔500指数成分公司的年均增长率仅为10.4%，累计增长幅仅为6479%。

或许巴菲特是有史以来最伟大的投资家，但是迷信巴菲特和迷信麦道夫在某种程度上有着同样的风险：在麦道夫资金链没有断裂之前，他的名气不比巴菲特小多少。

麦道夫案后，有华尔街人士总结说，如果哪个经纪人信誓旦旦担保投资业绩，夸耀自己光彩炫目的过往记录，以鼓动你大笔投资的话，那就是一个非常危险的信号，因为庞氏骗局的法门就在于维持稳定的业绩数字以避免赎回。

值得一提的是，早年的巴菲特也因为其投资风格过于神秘，业绩回报过于稳定而遭怀疑。“有人认为我是一个庞氏骗子。”巴菲特自己也这么说。

巴菲特的行事风格和麦道夫的确有相似之处：完全控制资金；不会向投资人解释关于投资的信息；每年公布和总结一次投资业绩，投资人只能在每年的12月31日追加投资或者撤资；基金业绩非常稳定，且从来都不分红。麦道夫也是如此，他独自在一个单独的办公室办公，20年来外界对他的投资细节无从知晓。

麦道夫和巴菲特的运作，本质上都是基于他们多年积累的信誉。在案发前几年，经常有媒体报道犹太裔有钱人投资于麦道夫的故事，麦道夫自己是知名的犹太慈善家，而很多投资人其实也不是直接投资于麦道夫，而是投资于他管理的15个避险基金之一，这些避险基金都是由知名的大型金融机构发行的，有着额外的信誉担保。

在巴菲特接近80岁的时候，不知道是幸运还是不幸，遇上了金融海啸。这一个百年不遇的金融危机，会不会成为巴菲特自我的终结？时间的玫瑰慢慢盛开，但愿巴菲特不要成为“麦道夫第二”。

对冲基金的灭顶之灾

麦道夫基金是“基金中的基金”，这次诈骗是对冲基金历史上最大的笑话，作为最具进攻性的众多对冲基金，居然也上当受骗。

回头看看本轮次贷危机，房地产这第一块多米诺骨牌倒下，砸中的是美国的五大投行，而第三波可能就轮到此前“最野蛮”的对冲基金自己了。

目前基金的基金管理的资产大约有6850亿美元，占基金行业的1/3以上。在次贷危机市场流动性的大背景下，投资人仓皇赎回，如果不能控制这种恐慌情绪蔓延，对冲基金将面临灭顶之灾。

英国《金融时报》的评论文章称，麦道夫欺诈丑闻引发人们对基金的基金业务模式的质疑。

Highview投资集团行政总裁施洛斯坦因表示，在金融海啸后又发生麦道夫事件，势必再打击投资者对对冲基金的信心。

“等着关门吧”，伦敦对冲基金顾问公司IGS的CEO戈登称，总资产规模高达1.5万亿美元的对冲基金业2008年已经遭遇有史以来最差业绩，且预计约有1/3的对冲基金将关闭或合并。

目前美国经济存在的最大问题之一就是：去杠杆化。麦道夫“庞氏骗局”的发生显然加深了金融机构之间的不信任情绪。而作为“最会利用杠杆”的对冲基金，正首当其冲。

而且，对冲基金也有欺骗的可能，在金融海啸之中，有人已经将其列入的“庞氏骗局”的嫌疑。

对冲基金退潮般的失败让这个行业的无能显现无遗。假设一些投资者决定撤回他们一个对冲基金的资金，这个基金就得出售一定数量的资产来支付给投资者。要是这个基金持有很大的非流动性资产，这个基金就没法立刻卖掉这些资产，除非在一个致命的亏损的时刻，那么它将出售更多流动性资产。

鉴于该基金更希望抬高其预估的非流动性资产，所以就会看到，早些时候撤回的投资人，在那段时间得到了较好的回报。这听起来有点像庞氏骗局，是不是这样呢?

为了获得良好的业绩，只要一个未实现收益的基金报告，它就可以用虚高的利润而轻易得逞。更确切地说，该基金可以用最乐观的模型来对流动性资产定价，包括按揭证券和其他可交换的票据。所以对冲基金在金融海啸的情况下可能并不诚实。

近期对冲基金的失败，已经进一步火上加油，原因是缺乏新的投资以及现有投资人撤回其资金而逃离的压力。

庞氏骗局和投资银行又有什么区别？《纸上谈兵》一书的作者威廉•科汉给出了一个令人沮丧的答案。

“显然，庞氏骗局和投资银行的区别……在于执法部门的处理方法。”

麦道夫只需不断吸收投资，并向人们承诺投资回报，就可以不必真的拿这些钱去投资。而贝尔斯登(Bear Stearns)和其他投资银行实际上也是靠这种方式生存的。

那些老投资者——主要是对冲基金和提供隔夜贷款的银行——对这些投资银行的生存能力感到担忧，纷纷撤回了自己的资金，而新投资者——政府扮演了这一角色，就是让贝尔斯登继续生存下去，以便它能向其股东提供一些回报。

科汉说，投资银行是按照规则出牌的，这些规则有些是它们事先确立的。麦道夫承认有罪，他是在法律许可的范围以外行事。投资银行则是在法律许可范围以内行事。

次贷危机之后，只有两名投资银行从业人员被起诉，他们负责掌管贝尔斯登旗下的对冲基金。科汉很惊讶一直未出现更多针对投行从业人员的起诉。

社保：最大的庞氏骗局?

这一节的谈论何其沉重，因为它将使我们对自己年老时能否过上好日子有所质疑。

1999年11月，诺贝尔经济学奖得主米尔顿•弗里德曼在《纽约时报》

发表《社会保障制度幻想》的文章。这位和凯恩斯一样伟大的经济学家，在这篇文章里指出，美国现行的社会保障制度的弊端，那些触目惊心的数字、那些同样拆东墙补西墙的做法，可能是史上“最大规模的庞氏骗局”。而对于中国来说，或许我们可以从中有所启发。

在美国的这个进入老龄化的社会里，社保的受惠人数量相对地已大于纳税人数量，且这种差距在继续拉大。

现役工人缴纳税收，用来支付给退休者承诺过的福利。对于这种拆东墙补西墙的方式，弗里德曼认为，这简直是胡说八道！

弗里德曼说，工资税和福利支付之间的对应关系，是社会保障局诱骗公众相信他们的手段之一，他们吹嘘社会保险计划不亚于私人保险，用他们的话来说就是“雇员通过定期投资共同基金来为他们自己准备未来的退休福利”。

现有的雇员们支付的税金都用在现有的退休人员身上了，如果能有钱剩下来，那也会用于其他政府支出。

尽管这样，为了维系这个“保险故事”，他们还是给这个既是政府资产又是政府负债的“信托基金”创立了一堆文件条目。

在不远的将来，当到期需要支付的福利金额超越了工资税收入时，为了填补这个差距就只能加税、借钱、印钱或者削减其他政府开支了。无论这个“信托基金”有多大，情况都只能是这样。

这个关于雇员将在退休时享受福利的承诺，不是依赖于某项专门资助该项福利的税收或者任何“信托基金”的，它其实依赖于对继任国会的期望，期望他们承认前任国会所作出的承诺。这种期望，被支持者们称作“各代人之间的契约”，被反对者们称作“庞氏骗局”。

资金的缺口之大或许不用等到金融海啸。根据《社会保障法》中所作出的福利承诺，其贴现值现在大大高于工资税预期收入的贴现值。根据不同的估算，两者差距是4万亿—11万亿美元，这个缺口需要新的资金去填补。而在1997年，所有美国本土企业的市场价值总额才约为13万亿美元。

1995年，经济学家马丁•费尔德斯坦在《公众利益》上发表的一篇文章里写到强制参与社保的理由有两个：“首先，某些人太过短视以致不懂为其退休生活作打算；其次，专为老人而设的入息审查救助计划可能会间接鼓励某些低收入人士故意不为其退休生活作准备，原因是他们知道将能受惠于入息审查救助金。”

弗里德曼认为，第一条理由中体现出的家长式做派以及第二条理由中列举的关于依赖性的极端例子都是一样没说服力的。更重要的是，费尔德斯坦教授甚至没有提及强制性计划中明显的不公正性。

最明显的例子就是预期寿命较短、收入来源有限的艾滋病患者，如果还要求他们把收入中相当大的一部分累积起来，那最后累积出来的必然都是对他们来说毫无价值的资产。

更普遍点来看，一个人究竟将其收入中多大的部分存起来作退休之用才是合理的，这完全取决于此人的生活状况与价值观。为所有人定下一个参与社会保障体系的最低比例，和为他们定下花费于住宿或者交通的最低比例一样，都是极不合理的。我们的普遍假设是，个人对如何支配其拥有的资源最有发言权。费尔德斯坦先生则只是简单地声称，在某些特定情况下，政府比个人能作出更好的判断。

或许，坚持就是胜利，如果麦道夫能够坚持下去，说不定有一天他的投资收益会弥补目前我们看到的损失。对此我们已经难以做太多的评论。

马云：企业教父继续“忽悠”

“十年以来，我被中国很多人认为是中国最大的忽悠者，我讲任何话都是忽悠，我今天还想再忽悠一把！”2009年5月17日，阿里巴巴董事局主席马云在广州自嘲道。在这个金融危机击垮了很多中小企业的冬天，马云在一年前就开始呼吁大家跟他一起过冬。

马云说，每一次经济危机都意味着新的经济秩序的诞生。这次金融风暴之后，以“诚信、透明化、责任感、全球化”为前提的新的商业文明终将诞生。但它不会自动来到。它需要我们每一个人、每一家企业的长期努力。

带头大哥马云的麦加圣地

每年5月份，来自全球的数万投资者都会带着“朝圣”一般的心情如潮水般涌向美国内布拉斯加州的小城奥马哈。一年一度的伯克希尔•哈撒韦公司股东大会是很多投资者心中的“麦加”圣地，巴菲特的“粉丝们”聚首一起。

马云显然很憧憬自己也可以有一个巴菲特式的股东大会，像“教父”一样受万人敬仰。2009年5月7日，马云在香港举办了阿里巴巴（HK.1688）股东大会。

对着阿里巴巴的股东，马云说了如下一番话：

在阿里巴巴创业的时候，我们是1999年创业，2000年、2001年这前三年几乎没有一分钱收入，鼓励我们坚持下去的是我每天收到大量客户的感谢信，说他们因为阿里巴巴找了新的客户，因为阿里巴巴有了希望和信心，这些信件支持我们走到了现在。

作为整个公司的创始人和CEO，我不断问自己一个问题：我们为了什么、我们这批人为了什么、这个公司为什么存在下去？

阿里巴巴认为我们生存的目的是帮助无数的中小企业，因为我是从中小型企业起来的，我第一家公司5个人，我们借了2万块钱，我们多么地小心，因为一不小心明天就灭亡。阿里巴巴也是一样，18个人在一个房间里决定创办一家让全世界骄傲的中国人创办的公司，十年以来我从来没有忘记这个。我们坚守这个承诺，重要的是你说到做到。

2008年2月份，我们写出了《冬天的使命》这篇文章，我们相信世界经济会出现问题。我写这篇文章的时候也很痛苦，为什么呢？我们感到有问题，但我不能跟所有的中小企业写这封信，那就给员工写信，这信一定会传出去的。

那时候我刚好看了电影《赤壁》，看了以后很有感悟，当时的刘备把荆州的老百姓往前面赶，张飞跟他说再弄下去就要死人的，我们自己逃的话就逃掉了，干吗还要管老百姓。刘备说："这些老百姓信任我们，假如我们自己逃了没管老百姓，那创造这个国家的意义是什么？"

这句话让我感受很深，阿里巴巴过冬一点问题都没有，我们拥有150亿的现金，再穷阿里巴巴都会收支平衡，但如果阿里巴巴的创业企业失败了，那要阿里巴巴干什么？冬天过去了我们活下来，企业都死光了。

我在阿里巴巴开会的时候说了这句话："明年一季度我们利润为零，不需要利润，全力以赴帮更多的中小企业。"大家问是真的吗，我说是真的，使命不是口号，而是行动，大家说干。

失去梦想的企业行尸走肉

我想跟大家讲，电子商务在中国的发展一定会超过美国。五年以前我在美国的演讲后，说中国的互联网用户一定会超过美国的互联网用户，那时候又被人家笑，中国怎么可能会超过美国呢？中国这个管理、那个控制，但今天没有人那么说了。

我说美国才3亿人，不能死人要不停地生孩子才能达到3亿，中国3亿人上互联网没几年就出来了，因为我们有13亿人口。

我想讲，美国电子商务很难发展，美国的渠道非常先进、美国的银行体系非常先进、美国的IT已经非常先进，所以它的整个电子商务就很难做，因为它太好了。

所以我们认为10年以后中国会出现巨大的奇迹，全世界肯定有一家电子商务公司是独领世界第一名，但是不是阿里巴巴我不知道，但这家公司一定来自中国，这是我的结论。

3年以前我就在这儿讲的，全世界三大互联网公司中一定有一家来自中国，因为不可能在中国这个巨大的互联网国家中没有一家公司可以成为世界第一，一定有一家。至于阿里巴巴能不能成为这一家我不知道，但我们为此而努力，我相信我们有这个机会。这是我们对未来的看法，我坚信世界最强大的互联网公司一定会诞生在中国，阿里巴巴有这个机会。

要成为一家这么伟大的公司最缺的是什么？我认为我们最缺的是文化、管理和领导力。我刚刚有幸跟阿里巴巴13个高管，所有的总裁包括淘宝总裁、支付宝总裁、阿里巴巴高管这些人，在美国一片恐慌的时候到美国调研和学习，我们去了EBAY、雅虎、GOOGLE、微软、星巴克、GE，我们与索罗斯做了交流，我们也见了克林顿，人家说经济那么糟糕你们到美国学习什么？我说我们不知道学习什么，我们就来看看，但走的时候一定会告诉你我们学到了什么。我们在美国待了18天，这18天让我学到了很多东西，这18天我们看到了我们的偶像公司EBAY、GOOGLE、苹果，这都是我们想象中的公司。

看了这些公司以后我们感受很深，美国一片萧条，每个人都在恐慌，今天这儿破产明天那儿裁员，我们参观的绝大部分公司失去了梦想，每个人考虑的是三个月以后做什么、下个月做什么，没有人想5年以后、10年以后做什么。

我在美国做了两场演讲，我说10年以前我跟蔡崇信先生两个人到了美国硅谷，想要VC风险投资，那时候只要几百万美金，我们见了很多VC，他们觉得中国不可能做互联网。但我们看到了美国硅谷的梦想，那时候美国硅谷每天晚上灯火通明，很多技术人员挑灯夜战，很多技术人员告诉你我们的技术冲击着世界，我们发现礼拜六、礼拜天很多大楼里面都是人，根本找不到停车位，看到的是硅谷的激情和梦想。

我们看到了美国梦想，这些美国梦想使我们回到中国的时候也希望在中国建立这样的美国梦想，我们希望在中国未来10年发展中也能创造这样的公司。但是10年以后我们回美国发现他们找不到梦想，他们想的是下个月怎么办，有一些非常有名的IT公司的工程师在讲产品的时候不是讲这个产品会影响多少人、帮助多少人，他告诉你这个产品能赚多少钱。

如果连一个公司的工程师都在告诉你赚多少钱的时候，你就知道问题出在哪里。看了以后我们更有信心，假如冬天的时候你失去信心、失去梦想、失去对未来的憧憬，这家公司就像死人一样。我们去美国看的几家公司，我可以告诉大家有几家公司一定不会在21世纪存在了，即使存在也像行尸走肉一样，他们没有对未来的展望。如果没有对未来的展望，一个人只有钱而没有理想和想法会怎么样，一家公司没有使命、没有对未来的展望，我觉得这家公司活着还不如死了呢。

我想告诉大家，阿里巴巴这十几天的考察，回来以后我们对中国的信心、对自己的信心、对未来的信心越来越大。当然信心必须建立在脚踏实地的路上，如果有愿景、有使命，但是使命和愿景都是用来说给别人听而不是自己把组织人才落实到点点滴滴，那都是空话、都是不值钱的。

所以回来以后我们又做了大量的改造，今天我想谈谈阿里巴巴对自己的愿景，我们刚刚过了10年，2009年9月10日是阿里巴巴十周年，这10年我们从18个人、从一个梦想出发，为证明在中国能够有电子互联网存在，10年来我们证明了互联网在中国发展、电子商务在中国有市场，今天淘宝网有1.2亿用户，支付宝有1.79亿的用户，这样的市场我们证明了。

今天股市回暖、今天经济回暖，我是这样看的：世界经济的本身问题没有解决，只不过是感觉回来。我认为第一点是世界经济开始适应了危机、采取了行动、注入了一些钱，但没有根本改变问题。第二，即使改变，我们不应该因为恢复昨天而兴奋和骄傲，我们应该创造更好的明天，中小企业不能在未来十年还是战战兢兢地度过每一天，我们不希望子孙后代还在担心美国金融危机，所以我认为大家不要忘记这些东西。第三，做企业的永远不要盼望外面好或不好，我告诉大家外部形势好跟你没多大关系，外部形势不好跟你也没多大关系，经济形势好的时候也有很烂的公司破产，经济形势不好也有很伟大的公司，不要埋怨外部，改变自己，做出行动。

机会在未来十年内真正开始

另外的信号是由资本密集型走向知识密集型，这是强烈的信号，以前认为是靠关系做生意到走向靠诚信做生意，信号越来越强烈。

不管大家是否相信，10年以后的商业会跟今天完全不一样，10年后见到的富豪和成功的企业家跟今天是完全不一样的。10年后的成功者一定是八九十年代的人，而且成功者的年龄会越来越年轻。

大家要记住，我自己这样告诉自己，假如不改变，怎么会有我们的机会？1995年从大学中出来创业，我想证明一件事情，如果马云可以成功，中国80%的年轻人都可以成功，凭什么？只有有关系的人可以成功，为什么只有胆大的人可以成功？成功者必须有智慧和诚信，因此世界的开放正在加快。

在座所有的人，我跟大家没有任何的区别，而且唯一的区别，我比在座所有的人都长得怪一点，长得丑一点。但是我也没有资本，创业的时候，我是问亲戚、朋友一起借钱，总共2万元。没有任何关系的，我父母就是普普通通的人，但是为什么发展得这么快？今天我看到网络上说，马云你真伟大，淘宝做得这么好，阿里巴巴做得这么好，我心里特别难过。这不是我的功劳，这是互联网的功劳，这是中国发展的功劳，这是1.3万员工的功劳，这是中国几千万在座各位对网商信任的功劳，我觉得自己真的很难过。

有的时候别人骂我，马云你是胡扯的，怎么有这么烂的服务？我也没有写过一段程序，也没有编过规章制度，但是后来发现，今天网络发生巨大变化的时候，我们这些平凡的人，可以借助中国的力量、互联网的力量发生变化。

回忆这十几年的发展之路，只要有梦想，只要跟同事不断地了解客户，因客户变而变，一定会走到今天。我自己感觉，因为互联网，因为前10年的变化，让我们走到今天，未来的10年互联网和电子商务的变化会更大。假如没有时代的变化，没有这场经济危机，我相信在座绝大部分的人没有10年后成功的可能性。

我们去哪里找关系？我们去哪里找银行贷款？我们去哪里跟人谈合作？因为在所有人的眼睛里面就是普通的年轻人，就是普普通通的人。互联网给我巨大的感触，在公司和家庭中，不断创造新的思想。

中华民族尊老爱幼很好，为什么不可以尊幼爱老，对年轻人尊重和倾听？八九十年代的孩子伴随着网络的成长，对老的人要爱护，太老的人问明天会怎么样，我估计谈不出什么。互联网的另外一种变化是很有意思的。我爷爷这一辈子是靠报纸决定未来的，报纸上的一切都是对的。我父亲是靠听广播的，我们这一代是看电视的，今天八九十年代的孩子说要参与，要有自己的观点，因此互联网诞生了新的一代。

互联网的起来，电子商务的起来将彻底改变未来，彻底影响我们的生活，社会已经发生剧烈的变化。我想告诉大家的是，2009年互联网和电子商务只完成了第一个阶段，这就是机会。大家都说机会被阿里巴巴和淘宝、百度、谷歌和腾讯抢去了，我告诉大家机会还没有开始，所有的机会都会在未来10年内真正地开始。

最后我说，这次金融危机可能是在座绝大部分没有想到的，昨天一步臭棋今天会变成好棋，要迅速开始新的营销。不知道在座有多少人会下围棋的，但是我知道下了一步臭棋，就不要救，反过来看就是下了一步好棋。我在阿里巴巴十年中，有人说马云你很厉害，其实一开始是臭棋，现在看来都是好棋。千万不要迷信一个人和一家公司，是靠自己一步一步地走，创业者永远有梦想，每天采取行动，去改变和调整。

第四部分
物是人非

高楼谁与上？长记秋晴望。很多人在我们面前是逐渐淡出，而非终结。改革开放之初，马胜利、禹作敏、步鑫生等多少风流人物一度风光无限，但最终物是人非事事休。

人生总有高潮和低落。王石从一位被神话的人物，变成一位也会犯错，也有“青涩”时刻的有血有肉的企业家。王石的“道歉”无愧于他的伟大，我们思考的是，王石之后谁可当王石？

柳传志自己说，联想已经站在悬崖边上，但他有信心，他老人家以65岁的高龄再度出山，为的就是挽狂澜于既倒。

巴菲特看上去一切安好。但麦道夫的事情让我们吓了一跳，这位大家推崇的股神，如今也有些疲态，他的神话还能延续多久？

王石：

难以逾越的珠穆朗玛峰

2008年6月5日上午9时20分，汶川地震之后不到一个月的时间，深圳万科总部。专程从广州赶来的万科小股东陈叔，手里捏着王石的《道路与梦想》，准备让自己的偶像签个名。

五分钟后，王石，这位被不少人视为当前中国最优秀的企业家，坐到了主席台中央。或许是习惯，他的头很少抬起。

“这是我一生中最沉重的时刻，就像一个炼狱，我的歉意是前所未有的。”

“我虽然快60岁了，但在这种大灾难面前，还是显得很青涩。”

深陷“捐款门”的董事长王石数次对此前不当言语表示愧疚。

一年过去了，面对公众的王石依然意气风发，挥斥方遒。

王石的灵魂也跟不上脚步

王石在自传《道路与梦想》中写道：2003年5月22日，我成功登顶珠穆朗玛峰。

从海拔8844.43米的高度俯瞰能看到什么？其实，登顶那天云雾弥漫，能见度很低，还下着雪，什么都看不到。

曾有朋友问：“你到山顶的一瞬间是什么感觉？”

当时几乎没有任何感觉。8000米以上属于极度缺氧环境，是生命的禁区，按照高山医学判定，人在此时的智商相当于6岁小孩。一般人都认为在这个高度人肯定有恐惧感和危险感。实际上，这两种感觉都没有。虽然在这种极度危险的情况下随时都有可能滑坠，但由于头脑迟钝，人却不感到害怕。体力消耗殆尽之时，人近乎机械。

“登顶的整个过程中，我都没有太激动的感觉，并没有如同人们想象的那样热泪盈眶。然而在成都召开新闻发布会之前，公司放了中央电视台拍的20分钟短片，播放到第一小组登顶展旗的镜头时，音乐一起，我的眼眶猛然湿润了。”

活得很自我的王石终于“登顶”了。他代表的是那个时代依靠个人创业精神所能达到的高度：8844.43米。

但从那个山上下来之后，再“登顶”一次对王石也是奢求。2009年8月31日，王石对笔者说：我正积极备战再次登顶。次日，王石登上了前往尼泊尔登山的飞机。

王石的成功源于其个人魅力，并且碰巧遇上了一班高速驰骋的列车。

10年前，万通地产的冯仑在台湾见到王永庆。王永庆对他说，作为一个创业者，人的一生只有一次机会可以让他取得巨大的成功，这就是你所在的地区、国家、民族的经济真正起飞，就这一次机会。

1988年的11月，万科的王石参加了深圳威登别墅地块的土地拍卖。

那时的深圳，开发房地产的门槛比现在还高：非建筑行业的企业要想进入房地产开发必须通过招投标，拿到土地才批给单项开发权。

竞投开始，价格一路飙升。最后只剩下万科同另外一家轮流叫价，互不相让，进入白热化。如果不是举牌者主动出价，拍卖官会按50万元升幅叫价。万科是志在必得！如果对方也是呢？王石不免暗暗叫苦。

对方再次举牌，拍卖官一次叫价、两次叫价。王石本能地抓过助手手中的牌子举起，喊了一个跳升的报价。

拍卖官报新的叫价，一次、两次，全场鸦雀无声。

三次叫价，一锤定音。

按照拍卖的土地成本计算，楼面地价已经高于这块土地周边的住宅产品的平均售价。换句话来说，按市场价，把附近的住宅楼买下来，拆掉再重新建的土地成本价都低于万科获得的这块土地的价格。

拍卖现场，王石代表公司上台签订土地转让协议。拍卖官望着王石，劈头就是一句："怎么出这么高的价格？简直是瞎胡闹。不管怎么说，还是祝贺你们。"

就在那一刻，目前的中国房地产龙头企业、未来有可能成为世界最伟大企业之一的万科，就这样懵懂、鲁莽地冲入了房地产行业。其黑马姿态，一点不比后来高价拿地的顺驰差。这一年王石37岁。

但这样引人遐想的日子注定要像神话一样稀少，过去的30年，王石留给人的印象已经逐渐褪色：用一个人的名字作为时代注脚的日子正逐渐过去。

冯仑这样评价王石：我老跟他开玩笑说，再往下发展，基本就只有一个前途，那就是贴墙上了。所谓的贴墙上就是成"神"了，人一伟大就贴墙上，王石是企业领袖中接近完美的一个典型。

但冯仑自己估计也清楚，没有一个人会真正成为"神"。

2008年5月12日，一个中国人悲痛欲绝的日子，汶川地震了。与其他知名企业上千万元的捐款相比，万科第一时间仅仅捐助了200万元人民币。

伤害网友感情的是这么一段话，面对质疑王石在其博客中撰文回复："万科捐出的200万元是合适的。这不仅是董事会授权的最大单项捐款数额，即使授权大过这个金额，我仍认为200万元是个适当的数额。

中国是个灾害频发的国家，赈灾慈善活动是个常态，企业的捐赠活动应该可持续，而不成为负担。万科对集团内部慈善的募捐活动中，有条提示：每次募捐，普通员工的捐款以10元为限。其意就是不要慈善成为负担。”

在巨大的灾难面前任何人都是渺小的，包括王石。

“王10元”的绰号在网友中悄然传开，对王石以及万科的口诛笔伐甚至不买房的抵制与灾难的惨痛一起，愈演愈烈。

“王石下台！”王石履职20多年来，第一次真正听到来自民间这么不友好的声音，万科的股票被抛售。

“压力太大了，而且考虑到公司的股票，万科的品牌形象。网民已经号召了，不买万科的股票，不买万科的房子。再下一步来讲就是砸万科的售楼处，有可能啊！大家过激的情绪，说围你就围你，说砸你就砸你，当时我已经做好了辞职的准备。”半年之后，王石谈及“捐款门”事件仍旧让人惊愕：一个伟大的企业家怎么就因为几句话就要辞职？

地震的伤痛慢慢平息，王石的道歉让事件告一段落。王石的灵魂也有跟不上脚步的时候。

楼市的下一个拐点谁告诉我？

在珠穆朗玛峰海拔将近8000米营地宿营时，夕阳血红，非常漂亮。

同伴们都出去看，说：“风景这么好，王总快出来。”王石没吭气。

过了20分钟，他们又说：“你再不出来会后悔的，这是我们登了这么多山所看到的最美的风景。”

王石说：“老王说不出来就不出来！”

王石总是在人生拐点来临的前一刻，保持体力。王石知道，目标只是登顶珠峰，任何与登顶无关的消耗体力的事都一概不做。

2007年第四季度，当房地产行业亢奋不已的时候，王石的“拐点论”让他在业内受到不少攻击。

2008年1月25日，王石在自己的博客写道：“拐点论”的阴谋论。

王石说：“拐点论并不是万科突然抛出的观点。市场会从过快上涨过渡到理性调整，这是万科反复强调过的。大家可以看看万科2007年的定期报告，特别是中期报告。里面非常明确地表明万科的判断。我们的应对策略在根据市场发展趋势进行调整，比如在土地市场过热的时候，我们放慢了拿地的速度；比如在调整发生之后，我们部分城市的一些楼盘价格迅速调整到比周边同类楼盘低10%—15%的水平。以后万科会更加坚定、彻底地执行不囤地、不捂盘、快速开发销售的经营原则，这些都是需要付诸实际行动的，显然不仅仅是表明姿态。”

“会不会有更严厉的政策出台？要看现行政策的执行效果。住房是带有社会属性的产品，政策的核心目标包括解决中低收入家庭住房问题、维护社会的稳定，也包括保持整体经济发展的稳定、保障金融安全。这些目标不达成，调控就不会停止，这不是哪个企业可以施加影响的。”

2009年3月，万科在自己2008年年报中写道：随着2008年行业调整的全面来临，在事实面前这些争论和质疑已变得不再需要。而希望万科对未来市场做出预测的声音不断增加，其中问得最多的一个问题是——市场的底部在哪里，而它又将在何时出现？

每个人都在提问：人生的拐点在哪里，底部在哪里，巅峰又在哪里？

1988年12月28日，万科股票公开发行。对王石来说，如果说拐点，1988年万科股改可以说缔造了王石今日辉煌的基础。

1991年1月29日，万科正式在深圳交易所挂牌上市，代码0002。由此拉开了万科的“光荣与梦想”。

1992年尾，深圳国土局主办了一次房地产沙龙。

作为万科代表，王石在发言时明确告诉与会者：“万科超过25%的利润不做。”

会场哗然。

王石解释说，现在只要手中有一块地，半年还没开发，地价就涨了一倍。低于40%的利润不做的说法由此而来。

但这正常吗？万科做贸易出身，20世纪80年代做录像机，也做过200%—300%利润的生意。因为是超额利润，许多公司都进口录像机，供过于求，录像机降价，销售的边际利润就开始下降，甚至利润变成负数。

随后，王石让财务将万科1984年到1992年的贸易记录整理了一遍，赚钱用黑字表示，赔钱用红字表示，结果红字多于黑字。这说明这么多年贸易的结果是赔钱超过赚钱；这也说明市场很公平，先前你怎么暴利赚的钱，之后你都得吐出来，而且还要多吐。

现在的房地产火爆同上世纪80年代的贸易何其相似。如果这样下去，一旦市场逆转，利润空间变窄，你怎么办呢？

哪有不愿多赚钱的发展商？

与会的国土局官员、开发商、新闻记者不明白王石在说什么。

有的与会者嘀咕："唱高调也不是这样的唱法呀。"

还有的更直接："你赚不到25%说明你没本事。"

1993—1994年开始的那次行业低谷，其严峻性或许不会比2008年小。事实上，万科正是通过那轮调整，才脱颖而出，奠定了自己在住宅行业的一席之地。

在许多发展商艰难度日的宏观调控期间，万科地产的规模以平均70%的年均速度递增，到1998年，万科突然发现自己排在了沪深两市上市房地产企业的第一名。

万科归零，王石归零

这是一句古老的韩国谚语：权力可以维持10年，而影响力至多可以延续100年。

2008年9月，有着158年历史的雷曼兄弟公司宣布破产。而在中国，多少房地产企业在资金链断裂的危机中苟延残喘。

影响力时间也有限，随着商业周期的剧烈波动，影响力的寿命越来越短，每一代的企业家都是"各领风骚数十年"。

曾经我们误以为会永恒不变的通用汽车、索尼和微软，如今却遇上了丰田、苹果和Google等新生代。影响力就像流水一样总会流走。

冯仑这样评价万科和王石的成长历程：万科由多元化向房地产专业化转变，再由房地产公司的多元化向单一住宅产品转变，使自己成为简单的住宅公司，最终再向精细化和产业化冲刺，每一阶段的进步都非常清晰，给人印象十分深刻。

在第一阶段，应该说它的绩效只是一般般；第二阶段持续了大约9—10年，净资产收益率在9%或10%左右；到2004年以后，净资产收益率每年都在14%—15%，且一直往上走。所以从专业化这个角度来看，万科走的这条路是非常值得房地产企业研究的一条道路。

王石本人在这个过程中始终扮演着决定性的角色。在第一阶段，他还是一个直接的决策者和操作者，他那个时候还是经理；在第二阶段，他也是一个非常尽心的推动者和领导者；而到了第三阶段，基本上是专业团队当主角，他总是支持和肯定，算是一个指导者或教练员。

但这个决定性的角色终究要改变，不用太多年，王石的照片会让人从万科的墙上摘下来，保存在另外的地方。

在2009年万科的致股东书中，这样写道：

2008年市场发生的一切，基本都在预料之中，并无需惊慌或失落。不能说没有遗憾。

遗憾的是，在2007年，尽管在行业宏观趋势上做出了基本正确的判断，但我们在牛市的大环境中并未能完全脱俗。过于舒适的环境，使得我们在经营细节上暴露出诸多不足，我们一些专业能力表现甚至出现了下滑的迹象。这已经成为2009年万科面临的最大挑战之一。

2008年，万科24周岁。24年的岁月在赋予万科强壮体格的同时，并没有改变万科年轻的内心。因为年轻，我们看到了在进入新的发展阶段后自身的不成熟；也因为年轻，所以我们并不缺乏接受批评和直面挫折的勇气。

2009年万科的主题词只有两个字："零"和"壹"。这一主题词的解读是"万象更新·美好明天"。"零"，既是原点，也是起点。万科将放下往日的成功，修正过去的不足；以永远年轻的锐气，将每一天视为新的起跑点。"壹"，象征着希望，也代表着行动。千里之行，始于足下，从现在开始，万科将一步一步，脚踏实地，与股东共同迎接美好的未来。

万科重申其在2007年的"光荣与梦想"：类似中国正在经历的高速现代化、城市化发展进程，在每个国家的历史上恐怕都只有一次机会。身处这一特定历史阶段，又与城市化紧密相关的中国住宅行业，其足迹注定无法平凡。类似的亢奋和接踵而来的回归，在未来仍可能再次甚至多次降临。作为这个领域的从业者，万科团队的成员将尽力守住一颗平常心。

撇去表面的喧哗，真实的购买力始终在悄然生长，而住宅业迈向成熟的步伐也从未停歇。作为一个自由准入的行业，所有资源和机会对每个参与者正日益变得公平。凭借一笔先得的资源就可以坐收利润的时代已经结束，未来只有那些真正创造价值的企业才能在这个充满竞争的行业中长存；只有那些转化资源效率最高、能以最低消耗创造最高性价比产品的企业才能最终赢得胜利者的桂冠。

万科归零。王石归零。机遇还在野蛮生长。重新出发时万科脱胎换骨，时代给予王石的机会还会不会再来一次？

还是冯仑这个地产界的商业思想家才能精辟地总结王石和他那个时

代的问题。冯仑说，什么叫伟大的时刻？中国目前就处在一个非常伟大的时刻：民族复兴，经济高速增长。什么是伟大的地点？如果你在喜马拉雅山下的小山村天天待着就不行，在北京、上海、深圳或者其他经济发达的地区，这些地点就对了。什么是伟大的人？这里指的当然是合作伙伴了。如果你坐牢了，天天和罪犯在一起，时代也对，地点也对，但人不对；人虽对了，事情还得对，得是做有价值的事情。伟大的时间、伟大的地点、伟大的人一起做有价值的事情，朝一个正确的方向连续积累，这样的人生就可以在历史上留下痕迹。

冯仑说，一个企业开始会很小，在很小的时候可能时间是对的，地点也是对的，但你找不到伟大的人，这个时候你会很焦躁，因为你老想做伟大的事。等你的企业发展到强大以后，你身边都是伟大的人了，你最需要把握的是时机。这几个要素在人生和和创造历史的过程中都非常关键。

1993年，冯仑就是在寻找伟大的人的路上遇见了王石，并成为莫逆之交。那个时代迸发出来的思想火花，照耀了此后20年的天空，绚烂而迷人。但想要再来一次，时间不对，味道也变了。

1800年，法国经济学家让·巴蒂斯特在全球首次提出了“企业家”（Entrepreneur）这个概念，让·巴蒂斯特定义了企业家的功能——使经济资源的效率由低转高。

在此后的200年中，我们不断地探寻企业家这种特殊的人群身上所蕴藏的秘密，并将企业家具有的某些特征归纳为企业家精神。

王石是中国第一个具有企业家精神的人，他的自律成为后来再一座难以逾越的珠峰。

2009年8月31日，王石面对笔者的质问笑得像孩子一样坦然，让我们再次祝福这块顽强的石头也能开出野百合的春天。

柳传志：联想站在悬崖边上

如果说王石是中国改革开放最具企业家精神的代表人物，柳传志则是当之无愧的中国企业家的“教父”。

柳传志见证着中国现代企业史的变迁：下过海当过倒爷，企业改制扶摇直上，风光无限的时候急流勇退，2009年，在联想的舰队撞上次贷的暗礁时，柳传志再次挺身而出，以65岁的学识和经验，希望让这个伟大的企业再次焕发光芒。

回想1984年，柳传志与其他10名计算所员工以20万元人民币创办了中科院计算所新技术发展公司（联想前身），并最终把联想推向世界最顶级的企业，柳传志一生传奇。

柳传志是一个时代的产物，他如果倒下就是一座丰碑的倒下。2009年6月13日，重新回到人们视野中的柳传志在沃顿全球校友论坛上坦言：联想已经站在悬崖边上。这一次，柳传志还能不能力挽狂澜呢？

企业应对危机就像人应对疾病

柳传志：企业如何应对危机？企业应对危机有点儿像人怎么样去应对疾病。一个80岁的老人，风烛残年，到了秋天换冬天的时候，一个正常的季节交换对他来说就是危机，他就很难保证能够过得去，因为身体太虚弱了。对于一个正常的人来讲，也许一次流感会对他有影响，被传染了以后可能会生病。但是强壮的人就不会。

一个企业要想健康地应对危机，首先要对自己的行业下工夫，要有深刻的理解。是不是这个问题解决了企业就真的能够长寿，做百年基业的企业呢？肯定不行的，世界在变、行业在变、你的竞争对手在变、国家经济形势在变，如果不能够适当地做出战略性调整，这个企业肯定是活不下去的。

非常典型的例子就是做胶卷。在2000年前后的时候，我和一个乐凯胶卷公司的朋友在电视台里发表讲话，主要是讲民族品牌怎么能够坚持下来，但是到了今天乐凯胶卷可能受到了很重的创伤，原因是现在用数码相机了，根本不用原来的东西了。如果企业的负责人不能够提前观察、注意到这个动向，及时调整战略的话，肯定会受到致命的打击。

又比如东南沿海一带大量的出口企业，他们的毛利本来就不高，在人民币跟美元汇率不断变化的过程中，这个矛头，出现时他们必须注意到再往下走就会把毛利全挤掉，你怎么办呢？如果不做战略调整肯定是死路一条。因此企业本身如何学会较好地提前制定战略，不断调整自己的业务，这个企业才能基业常青。这就是管理基础的内容。

在联想把管理基础分为三个内容。第一是建班子，就是核心领导层怎么样才能共同研究事情，才能很好地发挥作用的领导集体。第二就是定战略，一个企业一定要学会正确地制定战略。第三用我们的话讲叫“带队伍”，怎么样才能有一支很好的、有战斗力的队伍。

一个企业要有愿景，除了愿景外还应该有一个中期的目标。有了这个目标后，在我们这里很重要的是要注意研究要实现这个目标、到达这个目标的路线，企业到底做什么、不做什么，我们把这个称为路线。然后再分步实施。在我自己的体会中，路线是很重要的事情。

举个例子，我自己的出身。我们是科学院的一个企业，当时只有20万元人民币的投资，在当时中国计划经济的体制下，到底一个企业应该怎么办我们完全不懂。而且资金又这么少，说起来是20万，其实我办企业不到两个月就被人骗走了14万，都是非常大的困难，没有地方去学习。后来我们走的路是给外国企业做代理，向他们学，看他们是怎么做的，来研究企业的管理规律。今天想来，惠普确实是我们最好的老师。神州数码到今天十几年了，都是惠普在全球最优秀的代理。我们跟他们学习怎么具体地做财务、做销售、做市场等等事情，同时我们也在冷眼看英特尔、微软这些战略设计大师，由于他们战略设计的成功，标准制定得好，企业无法和他们对抗。这些事情都是通过慢慢学习来的。于是我们给自己定了一条路线——“贸工技”的路线。

在硅谷很多企业先有技术，找了投资人，再做大，从技术开始再做贸易。我们当时走的路是先做贸易，懂得了客户要什么东西，再开始设立自己的工厂、做自己的牌子、研究技术，这是我们走过的路。这件事在中国引起很大的争论。其实我要说的是，这只是我们当时的情况，成功的一个路线而已，绝不是放之四海而皆准的真理，各个企业要根据各个企业自己的情况，但这确实是当时我们的路线。

今天我站在悬崖边上

今天大家都知道联想遇到了一定的困难，这个困难不是瞎说，是在预料之中的。困难产生的直接原因是国际金融危机，联想在海外卖的Thinkpad主要是卖给大客户，而没有卖给消费类客户，这种危机产生后受冲击最大的自然是大客户，他们最先削减成本的就是不买电脑，营业额自然就会受到很大的影响。但是真正深层次的原因不是这里，而是我们工作中的很多问题，在这个时候全暴露出来了。

我们在并购IBM PC时有三大风险。第一个是品牌风险，买了Thinkpad之后人家承认不承认，这一点我们做了大量的准备工作，今天看来这一点很成功。第二是购买了这个企业之后，原来的员工愿不愿意继续在这个公司进行服务，这个顾虑也已经过去了。第三大风险其实就是最大的问题，就是高层管理层的磨合问题，文化的磨合，思想方法的磨合，管理层、董事会的磨合问题。现在这件事情的暴露实际上是磨合的一个过程。

现在很多朋友说我们是站在悬崖边上，我说是，是站在悬崖边上，也是联想一个重要的转折点。一年多以后，我估计就能够见分晓。如果我掉到悬崖下面去，我会谈一谈我怎么掉下去了。如果我转折过来的话，我也愿意谈一谈，应该说这是我们的本事。

我觉得我还是很有信心，认为这是我们的转折点。为什么有信心？在这么大的危机面前我觉得还是提前把管理基础做好了，下了工夫起了很大的作用。因此一个企业能否应对危机，先要尽早地把自己的身体做得更健康，就会应对危机。但是这只是一个方面，地震来了，身体多强壮的人也受不了。

什么是地震呢？好比说世界的环境变坏了，整个地球变暖了，人为的灾害出现，打仗等等。如果这样什么样的企业都很难抵御。我们能够做什么事情呢？尽量多做一些和我们有关的公益，在做好自己的企业之余，尽量地为人类社会多做一些事情，这也算预防地震的方式，对我们大家都好。

巴菲特：

滚雪球引起一场雪崩

“这是沃伦·巴菲特9岁那年的冬天，他和妹妹伯蒂在户外的院子里玩雪。”

“沃伦在用手接雪花。一开始是一次一片；接着，他把这些少量的雪积铲到一块，开始堆雪球。雪球变大之后，沃伦把它放到地上。雪球开始慢慢地滚动。沃伦每推动一次雪球，雪球就会沾上更多的雪。沃伦推着雪球滚过草坪，雪上加雪。很快，沃伦把雪球滚到院子边上。片刻犹豫之后，他继续向前，滚动雪球穿过附近的街区。”

“从那里开始，沃伦一直朝前行进，他的眼光投向白雪皑皑的整个世界。”

在巴菲特《滚雪球》的传记里，巴菲特总结自己的投资经验：人生就像滚雪球，最重要的是发现很湿的雪和长长的山坡。这个100年以来最传奇的投资者，在他人生的最后阶段，遇上了百年不遇的金融危机。

或许沃伦会被他自己多年来积攒的巨大雪球压倒，毕竟雪球太大，就难以控制。而更重要的是，成功的过去往往在为最后的崩溃做注脚——滚雪球也会引起雪崩。

巴菲特“廉颇老矣”　股票大幅缩水

“2008年我们的市值缩水了115亿美元。这让我们两种股票的每股账面价值下滑了9.6%。这是最坏的年景。对于公司、市政公债、地产和日用品，这段岁月同样都是毁灭性的。2008年末，各种类型的投资者都既困惑又遍体鳞伤，仿佛闯入了羽毛球比赛现场的小鸟。”2009年巴菲特在给伯克希尔·哈撒韦公司股东的信中这样写道。

2008年，巴菲特的伯克希尔公司生意中的大多数都受到下行经济的显著影响，巴菲特自己也承认，2009年还会如此。2009年4月，经受不住市场压力，巴菲特持有20%股份的穆迪也取消了伯克希尔及其几家保险子公司的AAA评级，下调两级至AA2，这表明即便是巴菲特也难避开市场动荡和经济危机的冲击。

巴菲特已经有了“廉颇老矣”的感觉，难道要让他的追随者们眼睁睁地看着自己顶礼膜拜的偶像从神坛上摔下来？

巴菲特说：“2008年我做了一些愚蠢的投资。我至少犯了一个重大错误，还有一些错误不那么严重，但也造成了不良后果。此外，我还犯了一些疏忽大意的错，当新情况出现时，我本应三思自己的想法，然后迅速采取行动，但我却只知道咬着大拇指发愣。”

这个严重的错误就是，在油价和天然气价格接近最高点时，巴菲特购买了大量的康菲石油公司股票。巴菲特没能预计到 2008年下半年能源价格的戏剧性下跌，仍然认为未来石油价格会比2009年年初的40－50美元高得多。但是到目前为止巴菲特自己都承认“错得离谱”。即使石油价格回升，巴菲特选择购买的时机也让伯克希尔消耗了数十亿美元。

巴菲特还犯了一些目前已经可见的错误。这些错误不那么大，但不幸的是，它们也不小。2008年，巴菲特用24400万美元买了两家爱尔兰银行的股票，当时那股价看上去便宜得很。年底时这些股票的价值已经低到不能再低：2700万美元，巴菲特损失了89%的钱。那之后，那两只股票的价格还在一路下跌。网球比赛的观众会称这种行为为“非受迫性失误”。

这一年中，随着时间推移，世界上很多大金融机构内部的致命问题暴露出来。这让之前备受尊敬的信贷市场转瞬变得机能紊乱。社会上的流行语变得像巴菲特年幼时在一家餐馆墙壁上看到的标语：“我们只相信上帝，其余人等请付现金。”

“到了第四季度时，信用危机伴以翻滚的房价和股市，制造出了席卷整个国家的让人瘫软的恐惧。随之而来的是整个商业活动的自由落体运动，而且是以我从未见过的加速度在下落。美国和世界的大部分地区都陷入了一种恶性循环。恐惧带来商业萎缩，商业萎缩导致更大的恐惧。”巴菲特说。

不断上升的萎靡气氛促使政府采取大动作。用扑克牌局的术语描述，财政部和美联储已经全押。如果说此前为经济开出的药都是论杯装，那最近就是论桶。曾被认为是不可思议的用药量当然必然带来不受欢迎的副作用。尽管一个可能的后果是恶性通货膨胀，但是大家还想当然地认为用药精确，毫无后顾之忧。更甚，主要行业都依赖于政府的支持，接下来市和州将会面对各种难以置信的请求。让这些组织从公众的乳头上断奶，将会是一项政治挑战。他们才不愿轻易离去。

要让金融系统避免彻底崩溃，政府2008年采取的强有力的紧急措施必不可少，无论可能出现怎样的负面影响。一旦出现彻底崩溃，对经济中的所有领域都将造成灾难性的后果。如果是这样，美国经济的每个领域的结局就会是另一种局面。无论你是否喜欢，华尔街居民、主街居民和美国各种街道上的居民们都在同一条船上。

尽管身处坏消息之中，巴菲特仍在坚持。巴菲特说，不要忘记，我们的国家曾经面临过远比这糟糕的局面。仅仅在20世纪，我们就曾面对两次大战（其中有一次我们似乎都要输掉战争了）；十多次的阵痛和衰退；1980年，恶性通货膨胀曾导致高达21.5%的基本利率；还有20世纪30年代的大萧条，大萧条期间的很多年，失业率一直在15%到25%间徘徊。美国可从不缺挑战。

“没有失败，只因为我们战胜了失败。”巴菲特说，面对着这么多障碍——其他还有很多——美国人的实际生活水准在20世纪翻了七番，道琼斯工业指数从66点上升到11497点。与之形成对比的是，在数十个世纪中，人类都只能依靠微薄所得（如果有的话）过活。尽管前进之路并不平坦，美国的经济体系在过去运转得相当不错。没有其他体系能像它那样激发出人类的潜力，而且这套体系还会继续如此运作。美国最好的日子还在前头。

“在过去44年中，75%的时间里，标准普尔指数都代表着收获。我猜，接下来的44年中，大概有相同比例的年份也相当不错。但无论是查理·芒格——我管理伯克希尔公司的搭档——还是我，都不能提前预知哪些年景好，哪些年景坏。（我们固执地认为，也没人能做出如此预知。）我们能确定，比如，2009年的经济状况将会惨不忍睹，但是这个结论也不能告诉我们股票市场会上涨还是下跌。”巴菲特的模糊语言和那个风靡一时的美联储主席格林斯潘一样让人摸不着头脑。

这或许不是沃伦的错

沃伦·巴菲特错了吗？这对于将他视为精神支柱甚至忽悠工具的中国基金经理来说可不是个好消息。

“我们坚持价值投资，哦哦，就是巴菲特的价值投资。1980年，巴菲特用1.2亿美元，以每股10.96美元的单价，买进可口可乐7%的股份。短短五年时间，可口可乐股票单价已长至51.5美元，翻了近4倍。天知道巴菲特赚了多少钱，这就是价值投资的魅力。”那些基金经理的话基本都是从教科书上学来的，而翻译教科书的又是一些远离华尔街四处混饭吃的人。什么是价值投资？至今没有人能说得清楚，反正赚了钱就是有价值的投资。

巴菲特如此可怜，他所犯下的错误和其他投资者在这次金融危机中犯的错误一样：无法逃脱经济周期的惩罚。

在华尔街这个互相鱼肉的战场，巴菲特赚的钱还少吗？一场基于胜者为王的游戏正在华尔街展开。让我们看看华尔街的人们在某个早上是怎样突然发现自己睡在街角，而赖以生存的房子已经被人查封。

巴菲特在介绍自己的秃鹰战略时轻描淡写。他对他的股东们说："去年的投资也有积极的一面。我们购买了145亿美元Wrigley、高盛和GE的固定收益证券。我们非常喜欢这些投资。它们自身的良好成长性让这些投资再满意不过。作为对我们投资的额外回报，我们还获得了可以继续增股这三家公司的机会。"

为了做出这三项重大收购，巴菲特不得不出售其持有的一些其他资产，尽管巴菲特很愿意继续持有它们(主要是强生公司、宝洁公司和康菲石油公司的资产)。

这些决定对于巴菲特来说，只是华尔街惨烈故事的一个篇章。巴菲特说："我们不能指望靠陌生人的恩惠去尽明天的义务。如果被迫选择，我不会为了更多利润牺牲哪怕一晚的睡眠。"

在雷曼出现问题之后的几个月里，巴菲特打发了一个又一个低眉顺眼前来寻求帮助的华尔街公司。

2008年9月的某个早上，巴菲特正坐在奥马哈的办公室里，腿跷在桌上、喝着樱桃可乐，吃着坚果，突然接到高盛一位投资银行家的电话。他单刀直入的方式十分少见，上来就追问巴菲特："告诉我们，你会考虑以哪种方式投资高盛，公司会想法儿促成交易。"

这事实上是巴菲特等了很久的交易，只是巴菲特不能表现得太热心。巴菲特说，高盛管理团队的素质以及该公司的声誉促使他决定做这笔交易。巴菲特连账本都没有看。

巴菲特并没有要复杂的合约细则，而是花了一刻钟的时间与高盛的首席财务长维尼亚一起大概列出了交易的要点。他说："他们问我这个，问我那个，听起来很公平。"

至纽约证交所闭市时，高盛的人在与巴菲特的最后一通电话中敲定了这桩投资交易。晚上7点，巴菲特离开办公室，之后看看报纸，吃了点儿奇多和洋甘草彩色糖果。他说："高盛的人又给我打了一两个电话，告诉我股票发售的进展情况。"晚上10点半前巴菲特就进入梦乡了。

那天晚上，高盛的高管们都在忙着打电话，希望能筹集更多的资金。手里握着大约二十多个高盛顶级投资者的名单，高管们游说股东，看看他们是否愿意增持高盛的股份。他们干了整整一晚上。

第二天早上8点，这些人聚在位于曼哈顿中心的高盛大楼50层，看看谁想增持高盛股票，价格又是多少。他们快9点半时结束了讨论，随即宣布了巴菲特50亿美元的投资交易。

巴菲特拒绝了华尔街的弃儿

这是个尸横遍野的季节，几个月以来，巴菲特已经接到不知道多少个这样的电话。第一个重要的求助电话出现在3月15日，周六，贝尔斯登，华尔街第五大投资银行。

“我打电话来是关于贝尔斯登的，我可以继续说吗？”

巴菲特说，他当时的想法是：“这就好像是一个女人在脱了一半的衣服后问‘我可以继续吗？’”

或许是贝尔斯登的姿色问题，巴菲特没有动心。或许他只是想杀杀价，没有想到贝尔斯登连一个晚上都坚持不了。在向巴菲特求助没有得到回应之后，贝尔斯登被逼向了绝路。

3月16日，星期日的晚上，媒体公布了这样一条公告：摩根大通以每股2美元的价格收购了贝尔斯登。

3月17日，始建于1923年的“聪明交易者”贝尔斯登轰然倒下，华尔街金融危机的序幕由此拉开。

巴菲特或许只能对一个“脱衣女郎”说好或者不好，但他的确无法帮助华尔街照顾这些“女郎”的下半辈子。

几周后到了4月份，雷曼兄弟的高管又找上门来，让他参与一轮融资。巴菲特提出了自己的建议，但被雷曼拒绝了。这个有着158年历史的美国第四大投行，难以忍受巴菲特无理的要求。

但拒绝巴菲特的命运似乎意味着雷曼已经走投无路。在随后的半年里，雷曼兄弟被华尔街和华盛顿的人们摆上了砧板。

早在2008年春天，美联储主席伯南克就向雷曼提供了隐性的保证：按照惯例，伯南克承诺，美联储有能力有责任确保大家的安全。贝尔斯登的例子就清晰地表明：深陷次贷危机的金融机构如果各种手段用尽依然到了破产的边缘，那么在关键时刻，总有美联储最后出面兜底。

7月份，雷曼向伯南克求助，伯南克似乎跟此前一样安抚着雷曼的情绪，但到了9月份，形势的恶化使得伯南克根本无法承受。“两房”、AIG等超大型企业相继出现问题。

9月9日，星期二。政府向抵押贷款巨头房利美和房地美注资才过了一天，雷曼也到了破产边缘。时任财长的保尔森已经准备置之不理，在电话会议上他对几位首席执行长说，政府已经没钱了。一些人反驳说，政府不能让雷曼倒闭。但这并不是保尔森的责任。

一天以后，保尔森致电伯南克，“我不会支持动用国库资金救助雷曼”。保尔森划清了界限：政府不会出资救助雷曼。保尔森的策略是给其他华尔街机构施压，让它们救助雷曼兄弟。保尔森向高管们表示，人人不能只顾自己。他说，他们需要一起想出一个办法来拯救雷曼兄弟，或为该公司有序地退出提供帮助。

呵呵，“有序退出”、“提供帮助”，多么好的词语啊，只是用在一个临死的病人身上，显得有些残酷。

由于保尔森的退出，伯南克回天无力。9月12日，保尔森明确宣布，美联储不会援助雷曼兄弟公司。华尔街也不再理会华盛顿踢过来的这个皮球，9月13日，最后的救命稻草，代表美联储意志的美国银行拒绝了雷曼的并购意向。就这样，一个1850年由善良的亨利·雷曼家族成立的、熬过1929年大萧条的雷曼兄弟在两天之后，被华尔街分食了。

每个晚上，华尔街的高管都难以入睡，这个让华尔街恐惧的事情过后，巴菲特似乎意识到，贪婪的时候来临了。

巴菲特张开他的血盆大口，仅仅三天之后，9月18日，他花47亿美元买下美国最大电力行销巨头星座能源集团公司的部分股权；9月21日，他又动用10亿美元购买日本汽车及飞机工具机厂商泰珂洛公司71.5%的股权；随后，以50亿美元购买高盛公司股权；9月29日，以每股港币8元的价格认购2.25亿股比亚迪公司的股份；10月2日，他宣布将收购通用电气30亿美元永久性优先股；10月4日，其持有大量股份的富国银行宣布将以总价151亿美元的价格收购美联银行……

历史会证明巴菲特是对还是错，但无法改变华尔街弱肉强食的法则。

你最喜欢哪只股票？

1930年8月30日出生的沃伦·巴菲特是经历过大萧条的人。沃伦周岁生日前两周的一个周六，人们排着长队，在高温中汗水滴答，等候着拿回他们存在当地银行的钱。他们从清晨等到晚上10点，缓慢地向前移动脚步，把排在队列前面的人数了又数，默默地不断祈祷：“求你了，上帝，轮到我的时候，让银行里剩点钱吧。”

不是所有人的祷告能都被上帝听到，沃伦家就是其中的一个悲剧。沃伦后来不止一次地讲起这段故事：“1931年8月15日，我父亲去银行，两天前是他的生日。银行已经倒闭，他失业了，他的钱还在银行里，而他还有两个嗷嗷待哺的孩子。他不知道要做些什么，找不到其他的工作。”不过，两周时间内，沃伦的父亲决定，在没有人想买股票的时候开一家股票经纪行。于是，沃伦自生下来就与股票结下了不解之缘。

沃伦是个内向的小孩，他能数小时沉迷在火车模型目录中。到沃伦上幼儿园的时候，他的爱好和兴趣都是围绕着数字打转。6岁左右，他非常着迷于精确地用秒来记录时间，非常想要得到一只秒表。沃伦随时随地都在思考数字，即使在教堂也这样。他学会了计算概率。沃伦环视周围，到处都存在可以计算概率的事物。关键就在于收集信息，你能够找到多少是多少，尽你所能。

1940年，10岁的沃伦被带到了纽约，这是父亲送给他的生日礼物。沃伦的父亲在每个孩子10岁时都会带他们去东海岸旅行一次，这是孩子们一生中的重大事件。沃伦很明白自己想要什么。

沃伦告诉父亲："我想做三件事情。我想去看看斯科特邮票一钱币公司，我想去看看莱昂纳尔火车模型公司，我想去看看纽约股票交易所。"

1940年的纽约交易所在崩溃之后慢慢恢复元气，气氛仍旧压抑，人们的脑子里对1929年的大萧条记忆犹新。

父亲把沃伦带到了曼哈顿区，敲开了规模最大的经济公司之一的负责人西德尼·温伯格——高盛投资银行的高级合伙人、华尔街最有声望的人——公司的大门，虽然他们彼此并不认识。

在1929年的市场崩溃中，高盛将投资者误导入一场臭名昭著的"庞氏骗局"而声名扫地。而西德尼·温伯格从高盛的小杂役做起，并在高盛最困难的那10年坚持了下来。

在拜访的最后，西德尼·温伯格做了一件事，给沃伦留下了终生难以磨灭的印象。

"我走出去的时候，他拥抱了我，说：'你最喜欢哪只股票，沃伦？'"

"到了第二天，他会完全不记得这件事情，但是，我会一辈子都记得"，巴菲特后来回忆说。一个从底层小杂役变成高盛精神支柱的人，与一代股神在某个时点有了一次心灵的默契。

"钱可以让我独立。然后，我就可以用我的一生去做我想做的事情。而我最想做的事情就是为自己工作。我不想别人主导我。每天做自己想做的事，这对我来说非常重要。"沃伦早在10多岁的时候，对金钱就有深刻的认识。

"机会在敲门。"从纽约回来之后，影响沃伦人生最重要的第一本书——《赚1000美元的1000招》的正文第一页这么写着："在美国历史上，对一个手持小小资本开始创业的人来说，时间条件从未像现在这样有利。”

这本书抓住沃伦的是本尼威特秤。如果沃伦有一个称重机，他会一天称重50次。他很有把握地认为，其他人也会付钱这么做。

“称重机赚钱的道理很容易理解。我会买一台称重机，然后用利润买更多的称重机。无须太久，我会有20台称重机，每个人一天称50次。我想，钱就放在那儿呢。钱又生钱，还有什么比这更来钱呢？”

“复利”的想法深深地触动了沃伦，这本书告诉他，自己可以挣1000美元。如果以1000美元起家，每年增长10%：5年内，1000美元变成1600多美元；10年内，将近2000美元；25年内，将超过10800美元。

当以固定增长率逐年变大的时候，数字会发生爆炸性增长，这就是一小笔钱如何形成一大笔财富的途径。沃伦可以清晰地构想这些钱的复利未来，正如他把雪球滚过草坪而让雪球变大的道理一样。许多年以后，他把自己的人生经历归结为“滚雪球”，正是源于10多岁的时候对复利的认识。

沃伦开始从不同的角度思考时间。复利把现在嫁给了未来，如果若干年后，1美元成了10美元，那在他的脑子里，这两个数字之间没有任何区别。

坐在朋友家的门阶上，沃伦宣布自己在35岁的时候将会是一名百万富翁。一个孩子在大萧条的1941年说出这一言论，很是大胆放肆，而且听上去近乎是在犯傻。沃伦只有25年的时间。

一年之后，他创造出实现梦想的核心现实。让家里人感到好玩和吃惊的事是，到1942年的春天，沃伦已经有120美元了。

姐姐多丽丝被招募为合伙人，沃伦为自己和多丽丝买了城市服务公司的3股优先股，一共花了114.75美元。

那年6月份，市场向下击出低点。城市服务公司的优先股股价从38.25美元/股跳水到27美元/股。

沃伦说，在上学的路上，多丽丝每天都“提醒”他，他的股票正在下跌。沃伦说他觉得责任压力大得可怕。因此，当股票最后回升的时候，他以40美元/股卖出，为他和多丽丝赚了5美元。

“那个时候，我才了解到，沃伦知道自己在做什么。”多丽丝回忆说。不过，城市服务公司的股价很快就高涨到202美元/股。

沃伦学到了三个教训，并把这段时期作为他一生中最重要的时期之一。

第一个教训是不要过分关注股票的买入成本。

第二个教训是不要不动大脑地急于抓住蝇头小利。如果他能更耐心一点，他就能赚到492美元，他对此一直念念不忘，并由此吸收到上述两个教训。从他6岁开始，他干了5年活才积下120美元买了这支股票。以目前从出售高尔夫球，以及在棒球场贩卖爆米花和花生中赚到的钱为基准来计算，沃伦意识到，要把“丢失”的利润赚回来，那得用好多年。他将永远、永远、永远地记住这个错误。

还有第三个教训，是关于投资他人资金的教训。如果他出现投资失误，那可能会有人因他而烦恼和不安。因此，他不想对其他任何人的资金负责，除非他非常确信自己会成功。

这些孩提时候的故事，让沃伦终生难忘，也记录了一个伟大的投资家的成长历程。

危机中的战役，一位老人的滑铁卢？

巴菲特之所以迷人，是因为他经历过了40多年美国频仍的股灾，但仍旧屹立不倒，这也是很多追随者在2009年还选择他的原因。

1956年，巴菲特26岁，就已经准备退休了。那个时候巴菲特只有174000美元，但他每年的资金增长率都超过61%。

实际上巴菲特很着急，他需要非常大的复合增长率。当年5月，巴菲特邀请了六位家庭成员和朋友，成立了巴菲特联合公司，巴菲特只投资了100美元。他的股份其余部分将来自通过经营基金获得的利润中收取的费用。

巴菲特设计了一个收费公式，4%以上的收益巴菲特拿一半，4%以下的他收四分之一。因此，如果不赔不赚，巴菲特就会亏钱。而且赔偿损失的责任并不局限于巴菲特的资本，它是无限责任的。

就在那一年里，巴菲特一心想成为百万富翁的目标驱使他筹集更多的钱来管理。到了10月份，巴菲特管理的资金超过了50万美元。

那是巴菲特真正出道的一年，他在家里一个很小的房间里工作，而且这个房间只有穿过卧室才能进入，避免了对其他人的打扰。他没有固定的工作时间。他会穿着睡衣阅读年度报告，一边喝着百事可乐，吃着薯片，享受着自由和独处的乐趣。他仔细研读《穆迪手册》，研究一家又一家公司枯燥的数据。有时他会到图书馆看报纸和工业贸易杂志。

每一张股票证书都直接投递到他这儿，巴菲特会亲手带着它们——光滑的奶油色的投资证书，上面印着铁路、秃头鹰、海兽以及穿着宽大袍子的妇女，图案精美——径直来到奥马哈国家银行，把它们放进保险箱内。如果他要卖出哪支股票，又会来银行，在一堆证书中快速翻阅，然后将要卖的股票从38号大街的邮局寄出去。

就这样，到了1968年，10多年的时间里，巴菲特公司的股票增长了59%，而道琼斯指数才增长了9%。巴菲特掌管的资金上升至10400万美元，其中属于巴菲特的有2500万美元。

从二战末到20世纪60年代中期的资本市场发展非常繁荣，被称为“戈戈舞”（go-go）年代。巴菲特抓住了这个时机，完成了第一桶金的积累。

从100美元的投入到2500万美元，巴菲特创造的财富早已出乎当年那个10多岁小毛孩许下诺言时的想象。就在这个时候，巴菲特遇见了生平第一次大股灾。在1957—1969年的13年时间里，巴菲特取得了30%的年平均收益率，远远超过了道琼斯8.6%的年平均收益水平。这13年里，道琼斯工业指数下跌了5%，而巴菲特的公司却没有发生过亏损。但就算是这样，1969年，巴菲特还是解散了公司，他认为市场太狂热了。

他一直是这么谨慎，甚至不惜解散公司。但到了2009年，巴菲特自己也有股份的评级机构穆迪公司认为，伯克希尔•哈撒韦公司保险业务面临危机，将该公司评级从“AAA”降至“AA2”。穆迪公司同时下调伯克希尔•哈撒韦公司旗下国家保险公司和其他主要保险业子公司的评级，级别均由“AAA”降至“AA1”。

由于巴菲特在收购康菲石油公司股份的问题上出现了“重大失误”，伯克希尔·哈撒韦2009年第一季度的财报比较糟糕，净亏损15.3亿美元，每股亏损990美元，这也是公司20年以来规模最大的净亏损。就在去年同期，伯克希尔·哈撒韦还有净利润9.4亿美元，每股盈利607美元。

巴菲特的神话还能延续吗？巴菲特自己说，要赢得好的声誉需要20年，而要毁掉它，5分钟就够。如果明白了这一点，你做起事来就会不同了。但愿巴菲特还能给我们带来精神的力量。

第五部分
民间故事

任志强，据说已跻身网友“最想揍的人”第二名，第一名是陈水扁。这位经常“仗义执言”、“心直口快”的房地产大佬，其博文引起了太多关注。太多的人对房价有意见，太多的人背着蜗牛的壳，努力在这个城市往上爬。

而在地震中，有一个名字被人们记住，那就是第一时间赶到现场的陈光标。在汶川的日子里，陈光标究竟是怎样度过的呢？而在光环的背后，作为企业家，他有太多的苦水要吐。

任志强：我不是人民公敌

如果说现在还有一对“敌我矛盾”，那可能就是开发商和买房者的矛盾了。

任志强，北京华远集团总裁，一句“30年来房价没有白菜涨得多”将自己推上了“人民公敌”的“宝座”。

从1998年，为了应对亚洲金融危机启动了住房制度改革，人民群众一直深刻感受房价起起落落带来的冲击。多少人打一辈子工仍旧是“房奴”，多少人租十多年房仍旧是城市的过客。在很多人的心中，“房子”是一个沉重的词语，杜甫“安得广厦千万间，大庇天下寒士俱欢颜”成为多少旅居他乡的人心中的梦想。

未来城市还在扩大，人口在迁移，城市化给中国带来的，希望不是土地财政和地产暴利。

被唾沫淹没的任志强

如果任志强翻开自己的博客，删帖估计要删到手软，因为谩骂和人身攻击的留言真不少。

2009年4月17日，博鳌亚洲论坛召开主题为“调整中的中国房地产市场”分论坛，任志强的发言再次触动了工薪阶层那脆弱的神经。

“房价到底涨了多少？”这么简单的问题由任志强提出就不简单了。任志强说：“1978年，我们的GDP大概3000多亿元，现在是30多万亿元，增加了100多倍。第二，我们1978年月工资全国平均28.6元，到现在也增加了100倍。1978年我们大白菜2分钱一棵，现在2块钱，也增加了100倍。我们房价只增加了16.6倍，和工资收入相比，相差太远了。房子等于没有涨价。”

拿疯涨的房价和大白菜对比，等于侮辱了全国人民的智商，难怪有网友在老任的博客上留言：“农民朋友苦啊！辛苦清贫一辈子，忠厚老实勤劳，却被拿来和这些为富不仁、勾结官员的开发商做类比，这是对农民极大的侮辱，更是对农民劳动果实（大白菜）的极大侮辱！”

和任志强关系不错，当时也在现场的SOHO董事长潘石屹在其博客中写道：“任志强在博鳌亚洲论坛发表了关于‘房价并未上涨’的讲话后，我预感到他的这番言论一定会受到全国网民的批判，难怪有本杂志给他起了一个名字叫‘人民公敌’。”

任志强是什么人？潘石屹说：“不过我倒不担心他的心理承受能力，因为他从不用电脑、不上网，别人骂他什么，他根本不知道。几年前，我曾建议他上网，他说费眼睛。他的博客都是自己手写完后，再让秘书打印出来。他要看的内容也是让秘书小刘打印出来给他看。我想，小刘一定不会把网上的暴力语言打印出来让他看的。不上网，不用电脑也成了任志强的一种自我保护，免受了不少语言暴力的打击。”

就这样，在“皇帝的新装”中，任志强依旧扮演着自己的角色，丝毫感觉不到这唾沫横流的世界。反而，5月5日，他又在博客中发表文章《“白菜与房价”》：“30年前住房约300元/平方米（有人说那时分配住房没有价格，但房子不是天上掉下来的，300元/平方米是基本造价），可换15000棵白菜，而今按5000元/平方米（统计公布的全国住房平均房价2008年是3919元/平方米）算，可换2500棵白菜。或者说每亩生产的白菜量与房屋置换量发生了巨大变化，而与工资收入并未发生巨大变化。30年前28.6元/月的工资能买1430棵大白菜，今天2860元/月的工资还是买1430棵大白菜。可见这其中的房子的价格比对应工资与大白菜都是在降低的。无论如何，这种价格的变化都是事实的存在，是不可否认的一种事实存在。”

任志强说，30年前28.6元/月的工资收入大约只能买1/5块手表或1/5辆自行车，但今天的收入却可以买好几块手表、好几辆自行车，很多人用工资收入购买了汽车。这些与医疗与教育的费用支出并不产生矛盾，而吃、穿、用和文化、体育等消费难道并没有增加吗？换句话说，即使在现有条件下扣除工资中必要的医疗、教育等成分之后，难道工资收入的增长倍数不是仍然大于房价增长的倍数或数十倍吗？总不能将当年工资中不含的医疗、教育、住房之外的其他消费增长也扣除吧。（原属于非工资的公共开支部分）这种扣除方式并不具有任何的对比影响，否则又怎么会每年有这么多的家庭凭着工资的收入就能购买商品房呢。反之，如果是因为教育、医疗支出的加大影响了购房能力，也不能将国家分配制度中的不合理性让房价来承担和解决。

世界人民拜读着任志强的高见，不时骂声一片。有网友说，老任只为富人盖房，不管大众死活；有网友说，任志强怎么就无耻堕落到这种地步呢？

和讯网友“苕溪渔人”认为，30年前房价是多少？任志强没说。

这个问题“渔人”也不知道。那时候好像也没买房这么一说，这房价是多少恐怕也少有人知道。任志强的“我们房价只增加了16.6倍”这个数据来源于哪里，不知道，故无法判断其是否正确。当然任志强是个好同志，面对这16.6倍，仅仅说了“房子等于没涨价”，而没说房价等于跌得厉害，真好。

不过30年前，“渔人”家正好搬了一次家，对房子的租金倒是很有印象。

搬家前住的是2楼，4个房间的砖木结构的老房子，房租是每月3块多钱。后来搬了新房子，砖混结构，2室半一厅一卫，房租是每月8块多钱。

30年后，这样的房子租出去的话，租金也要在每月800元左右，同样是100倍的关系。

后来，1995年的时候，单位分房子，已经是房改了，要出钱买，当时67个平方米建筑面积的房子，花了12000元，每平方米还不到200元。当然，这里有补贴的成分在，但对应的是当时的低工资。

1999年，自己买了一套商品房，每平方米是1480元。而10年后的今天，房价涨了4倍。如果10年前没买房，而是现在去买，那么这10年也就是给房地产商干了。

另外，即使工资和房价同步增长，并不能说“房子等于没涨价”。

举个例子：比如现在的收入是每年10000元，一套房子是10万元，要买套房子还差90000元。

10年后都涨了10倍，收入为简单计，就算每年增加10000元吧，那么10年的总收入是55万元，而此时这套房子是100万元，要买下来还差45万元。

能说“不差钱”吗？把10年的收入贴进去，还依然差得厉害。30年来，房价不管是涨了16倍还是100倍，都无法依此来判断老百姓差不差钱，我们只知道，现在老百姓买房用尽积蓄，还得贷上几十万元的款。

谁让房价成为不能承受之重？

任志强，据说已跻身网友“最想揍的人”第二名，第一名是陈水扁。

什么“房价白菜论”、“银行先死论”都不必太在意。任志强一贯作风如此。在群情激昂的背后，是工薪阶层难以承受的房价之重。而这一切，源自哪里？

这一切要从30年前说起。1980年邓小平同志关于住房制度改革问题的讲话拉开了住房改革的序幕。经历了从试点售房（1979—1985年）、提租补贴（1986—1990年）、以售带租（1991—1993年）到全面推进（1994—1998年）和深化改革（1998年至今）的发展历程。1998年，以国务院23号文件的出台为标志，一方面提出了取消福利分房，代之以货币分房，同时确立了以经济适用房、廉租房和住房公积金为主体的社会住房保障体系。

中国房地产走势，和国民经济景气关系密切，1989、1990年两年，中国经济沉到谷底，房地产前所未有地呈现负增长，商品房开工面积缩水一半。1992年邓小平南方谈话以后，经济重新启动，房地产业迅速恢复，1992年从上一年的6000多万平方米，一举增加到1亿多平方米，并在1994年爬上18000多万平方米的顶峰。此后，宏观调控开始，经济增长趋缓，房地产开工面积也逐渐下降，并在1996、1997年再次达到谷底。

但就在1998年，具有分水岭意义的一年。制度改革所释放出来的能量让人惊叹。

为了应对1997年的亚洲金融危机，时任国家总理的朱镕基启动了1998年的住宅改革。1998年7月3日国务院颁发“国发〔1998〕23号”文件，要求进一步深化城镇住房制度改革，加快住房建设。停止住房实物分配。

1998年下半年开始停止住房实物分配，逐步实行住房分配货币化。其间单位以很低的价格，将住宅的产权转让给个人，这就使很多人一夜之间财产倍增。房改将几十年积累下来的财富在短时间内猛烈地释放出来，整个社会的实际财富在短短的几年，成千上万亿地剧增。

全国住宅当年开工面积在1996、1997年跌到谷底1亿平方米多一点，但在1998年有一个急剧的跳升，达到1.6亿平方米，猛增将近6000万平方米，当年就超过了1994年经济高潮时13.亿平方米的顶峰。随后一路攀升，连续多年高速增长。

我们可以用“古董效应”来解释这种制度进步带来的存量财富增加：对于一个一直在使用破旧祖传家具的人，他的财富在“家具市场”上可能一钱不值。这时，随着制度进步，出现了一个“古董市场”，此人的个人财富立刻就会价值倍增——原因不是来自他的投入，也不是因为家具产生了显著的物理变化，而纯粹是因为出现了一个“古董市场”。其效果相当于原子物理的发现，使原来毫无价值的铀矿，身价倍增一样。1998年的住宅制度改革是典型的帕雷托改进——政府把住宅用“家具”的价格卖给现有的居住者，而居住者得到的却是“古董”的价值——政府没有损失而居民的财富增长了。

在传统的统计看来，此次房地产是没有经济增长支持，莫名其妙吹起的泡沫。而实际却是，这次房地产增长不仅是真正的社会财富增加导致的，而且这种增加规模之大远远超出了我们的想象。房地产市场的出现，使住宅从“生产资料市场”中分解出来——相当于古家具从“家具市场”进入到“古董市场”——必然导致全社会财富的巨大增加。房地产投资和收入在国民经济中的比重，完全不能说明此次房改在国民经济增长中的作用。1998年前后各项房地产指标的突变，只不过是露出水面的冰山，向我们暗示了制度进步释放出来的巨大隐形财富。

但到了2009年，低价出让房产已经不可能，工薪阶层面对的是冷冰冰的商品房。有一则“民谣”如是说：“上学把家长逼疯，买房把家底掏空，治病不如提前送终。”政府的土地财政和开发商的暴利与1998年的让利形成鲜明对比：对购房者的盘剥构成了今日的高房价，这个蜗牛的壳每一天都背着。

清华大学2007年的研究报告认为，由于在住房体制转轨过程中住房双轨制的存在以及城市居民收入差距的拉大，私有住房主要集中于效益好、地位高的、资源多的企事业单位的工作人员和中高收入家庭，即改革成果主要集中在收入可持续增长的、在市场改革中处于优势地位的群体。

在房改初期，住房价格机制没有到位的时候，很多住房都是以大大低于当时市场价格的水平转到个人手里的。而在住房市场中，中高收入群体则进行投资性购房，带来较高的住房空置率。中国国情研究会与万事达卡国际组织发布的《2006年中国生活报告》称，年收入超过11万元的高收入群体中，超过40%的人拥有两套以上住房，其中22%的人未来一年内还打算买房。与中高收入群体的平均住房面积和居住质量得到显著提升形成鲜明对比的是，还有大规模的居住困难群体拥挤在人均不足8平方米的狭小居住空间中。

我国住房制度改革的一条主线就是对居民住房购买力的提高，无论是开始的“三三制”、提租补贴还是后来的住房公积金，都是为了在打破原有的住房制度的同时能够保持居民的住房购买力，不至于使居民的生活惯性在住房配给突然缺失时没有应对的能力，其最终目的是在住房领域里寻找一条能够向规范化的市场经济过渡的渠道。

事实上，我国现有的住房保障，在很大程度上基于刺激国内消费，促进住宅消费，拉动了经济增长。但是，住房既是经济问题，又是社会问题。在我国的房改过程中，过多的地偏重经济层面，而忽视了住房的社会意义，即住房作为社会个体的生活必需品，对于社会低收入群体而言却是无力购置的，需要政府提供相应的住房保障措施。而我国现有的住房保障制度在政策目标的定位、措施的完善性上都存在问题，住房保障的初衷并没有完全实现。

任志强辩驳的话还是要听一听：房价中土地价格的比重不断提高，从最初的约10%到了今天的40%—60%，无疑对价格的影响与推动作用巨大。2008年全国的平均房价为3919元/平方米，但全国平均的住宅用地价格为4625元/平方米，按1：2的容积率计算，土地成本占到了房价的59%（全国平均容积率不到1：2），足以说明地价对房价的影响。

没有一个地方政府和土地部门肯承认土地是房价上涨的原罪，也没有哪个专门指责与痛恨开发商的人将土地上涨的因素明确地告诉民众，但却不可不承认面粉贵过面包的现象。

为什么面粉会贵过面包呢？这就回到了重置成本上了。当土地出现天价时，房价一定会被推高。这正是在于更多的人会从重置成本上考虑而推高房价。

开发商用100万元购买一亩地时，如每亩地开发之后获利100万元，但再购买一亩地时，土地已变成了200万元/亩，表面看开发商每次开发都获利丰厚，但每次变成土地时，却发现重置成本在不断地提高。所拥有的土地资源并没有在不断的交易与交换中增加，那么就只能随着重置成本的提升而推高房价。似乎争取获得能比重置土地时更超额的利润，否则岂不只获得名义上的利润，却无法增加再生产过程中扩大。

任志强搪塞的话也说出了房地产商的苦衷。

开发商还是不要犯众怒

买不起房子在家本来就被媳妇骂，如今遭人调侃，不少“血气方刚、正气凛然”的年轻人在网上发帖讨伐地产商。更让他们郁闷的是，工资没有增长、待遇没有提高，而房价怎么在2009年的春天就开始涨起来了呢？

遇到每一个房地产商，我们都在质问：为什么房地产违反经济周期？那些毫无理由的房地产复苏比2009年的第一场雪来得更早一些。

2007年的楼市癫狂还记忆犹新，那些在6100点买入股票的人还远远没有解套，就算热钱登陆，就算中国也用飞机撒钞票，房地产复苏的基础坚实吗？

但让我们这些老百姓难以理解的事情还是发生了：从年初开始，房价开始爬升，房地产这只有着九条命的猫儿让那些住在茅屋中的人咬牙切齿。我也咬牙切齿，房价的确已经成为很多人不能承受之重。

回头看看，这一轮的楼市重返暂时的繁荣境地与政府的宽松政策有很大关系。如果说这是新一轮泡沫的前奏，那么秋后算账，政府决策的失误难辞其咎。

政府的逻辑在哪里？为什么政府要让房地产“火”起来？

这是因为房地产已经绑架了中国经济的复苏，或者说房地产成为中国经济复苏的救命稻草。传统拉动经济的主要的一驾马车——出口——已经基本废了。5月份出口跌幅超出市场预期，其中一般贸易出口，如钢铁和机械，尤其疲弱。瑞银报告认为，尽管预计出口增长将在今年晚些时候企稳并开始反弹，但并不认为这种反弹会强劲到足以带动出口部门投资的增加。全球经济增长前景的暗淡和产能过剩对出口部门投资的抑制要持续较长一段时间。

第二驾马车——投资呢？由政府政策刺激，由财政支出以及更为重要的银行贷款来融资的国内投资无疑是当前经济复苏最重要的推动力。5月份城镇固定资产投资同比增速提高到39%，其中国有企业和基础设施投资增速领先。

但是，由刺激政策所推动的经济复苏的可持续性确实可能成为一个严重的问题。而为了解决这个问题，房地产的快速复苏担当重任，瑞银就认为，中国内需持续复苏的关键在于房地产行业。

现在房地产只是“看上去很美”，偶尔出现的几个“地王”并不能让人相信房地产的新开工能有奇迹出现。但接下来500多万套保障性住房的兴建让人振奋，国家投资会让开发商闲余的铲土机忙碌起来。

我们看到建筑材料需求已经开始反弹，这将带动工业生产在未来几个月出现持续的复苏。而让政府选择在这个时候抛弃房地产，显然是不现实的。但开发商也不要得意，出来混，迟早要还的，生杀予夺，很多东西掌握在政府手里。一旦政策面稍微收紧，银行放款条件苛刻一点，很多房地产商日子就要不好过。

俄罗斯有个普京，中国有过所谓的“公私合营”，开发商还是不要犯众怒。

杨百万：

我不是江湖骗子

2009年，从6100点狂泻的中国股市悄悄地从1600点猛涨到近3500点，很少人明白为什么，知道的偷偷赚钱。

年近六旬的杨百万出场费又涨了，每个周末，杨百万几乎都要做演讲，中国主要城市几乎都留下了他的足迹。在广州学而优书店，杨百万写的书长期居于经管书籍前10名。

“不做死多头，不做死空头，要做就做滑头。”这位从中国开设股市就炒股的风云人物，有着常人没有的智慧。但他这些“皮划艇”的炒股智慧有时却被一些人视为“骗子”，对此他矢口否认。

或许，我们更推崇的是他20年股市的生存智慧，至于炒股的技巧，很多时候还是得靠自己“浴血奋战”。

精明的上海老男人

“要请我演讲，可以，但是要付费的！”就连鼎鼎有名的中央电视台、凤凰卫视的《鲁豫有约》也不例外。这个精明的上海男人从来不忌讳谈钱，在他的眼里，这是自身价值的体现。

杨百万，1950年出生，真名杨怀定，中国第一批散户股民，股海二十载，从2000元起步，在人们渴望成为万元户时，他已成为百万富翁。与他同期的股民，无数个黯然离开了股市，而唯有他屹立不倒。于是，这个只有初中文化的股民被人称为“杨百万”、“股神”和“股市不倒翁”。

这个和国际投资大师罗杰斯同龄的中国散户班长，见证了中国证券市场发展的风雨历程。2007年8月18日，昔日中国证券市场的风云人物云集深圳联办主办的“中国证券市场18周年”庆典。刘鸿儒、高西庆、李青原、王波明、尉文渊、王健、阚治东、项怀诚、陶冬、高潮生、汤仁荣、邵淳、王巍、许小年、华生……唯一一个代表散户出席的就是杨百万。杨百万说，“这是历史对我的肯定”，而在18周年图片展上，杨百万在电脑前下单的年轻身影被永远定格。

如今的杨百万身家早已不止百万，但他似乎比以前更忙碌了。“我现在每天都要写书写到两三点”，两年前在广州与投资者分享他多年投资经验后，杨百万略带疲倦地说。

但也有投资者怀疑，如今的江湖已经不是杨百万当年那个散户占主流的江湖，杨百万是否能够再立潮头？他们甚至质疑杨百万是个大骗子。

面对一些风言风语，杨百万没有理会，“生命很短暂，我要把我的经验财富与股民分享”，如今他每天坚持写书、看盘、演讲。“要为自己留下点东西”，杨百万的财富不仅仅是金钱，还有20年来体味的证券市场的酸甜苦辣。

2007年9月28日，广州，杨百万再次预言：现在又到了“5·30”前夜，之后的10月、11月，股指从6000多点的高位一直调整，最低跌到了1600点，与多年前的“推倒重来”差不了多少。

杨百万说，现在新股民太多，又没有认真学习，以为股市一定会赚钱，这是很危险的。“散户就像韭菜，今天割了明天还长，所以主力才赚钱”，跟庄、跟着主力赚钱是杨百万的不二法宝。

如今的他，偶尔实战一把，但绝对是一个坚定的滑头，“不做坚定的多头，不做坚定的空头，做坚定的滑头”，在他看来，证券市场的风险很大，作为一个散户一定要理解风险和机会共存的真切含义，证券市场成功与否是六分心态三分技巧一分运气，缺一不可。只有学习才是成功的基础，除了在证券市场搏击中的磨炼，凤凰涅槃升华后的心态是任何人无法教授的，它是成功的必然基础。

“证券市场经过十多年的搏击，我深刻地认识到有迹有规律可循，但一定是工夫不负有心人。侥幸成功是偶然的，失败却是必然的。”杨百万语重心长地说。

“侯耀华走了，让我感触很大，人总要留下一点东西的”，现在的杨百万比很多年轻人勤奋。

运气只占一分

杨百万有句炒股的座右铭：六分心态三分技巧一分运气。在他成功的背后，运气占的比例很小。

“中国的投资者很少有人能容忍自己的年收益率不到30%，恨不得股票明天便翻番，殊不知全世界投资业绩最好的投资大师巴菲特年均复合收益率也不过区区23%。”杨百万说，实战中不少投资者在业绩不佳的时候往往把原因归咎于运气，“为什么我的运气这么差，一买股票就下跌！”

真正的投资大师，从来就不承认运气对投资有作用。投资成功靠的是理性，在市场面前投资者要保持理性的决策是一件非常困难的事情，人之所以会被命运戏弄，更多时候是被人性中贪婪、恐惧或愚蠢的想法所毁误。如今异常火暴的行情，很多人是被先进者动辄50%以上的收益率所吸引，却忘记了前几年股市连跌4年半的教训。所以大师们给人们的第一个教训便是：战胜市场之前必须先战胜自己，必须抵抗人性的弱点。

在2003年年底，中国股市最落寞的时期，杨百万公开表示，不再在媒体上撰文。他说，撰文六年，散户口碑尚可，但有一种江郎才尽的疲惫。他在当时留给股民的文章里写道：散户要认清自己的市场地位，不追求身外之运，随遇而安。只有这样，在未来残酷的证券市场之中才能立于不败之地。急于赚钱往往输得更快，宁静致远往往会无心插柳柳成荫。

回过头来看看杨百万自己，20年前和他一起成名的大户很多，但现在基本都烟消云散，杨百万吃过很多“螃蟹”，至今还能留存，这也是他跟现在很多所谓的“股神”不一样的地方。

他常说，投资技巧的最高境界就是——没有技巧。比如万科股东刘元生通过股票投资成为亿级富豪，他持股就没有过于花哨的技巧。很多投资者对其投资方法不认可，认为方法不过就是死捂股，不叫“炒”股，因为他既不会追涨也不会杀跌，更不会看着盘面变化频繁短线操作。可成功恰恰成在这里，死捂股票成了富豪，凭借正确的投资理念来获取长期稳定的收益。

要“善败”

在杨百万的个人经历中，也不是无往而不胜。1993年中国股市大盘跌去70%，进入长达三年的熊市。以精明著称的杨百万第 次领教了股市风险的厉害。而从2001年开始，中国股市逐步下跌，进入了长达4年的熊市，更使得杨百万撤出股市，开始寻找新的赚钱渠道。

而就算在近年，他也有失手的时候，中了4000股中国石油之后，杨百万又在低位买入了一点。而后中国石油继续下跌。杨百万说，我之前的4000股已经为我赚了12万元多，现在买的基本都是赚的，中国石油这支股票我的成本价摊平了不过几毛钱。

杨百万总结道，把最后的利润留给别人，同时把风险也留给别人。你就看凡是低迷的时候没人的，人挤得水泄不通就要出事了。因为贪婪的人进来了，像房子一样买得发疯排队的，要下跌不远了。

他说，《孙子兵法》中有一句话，“善胜者不阵，善阵者不战，善战者不败，善败者终胜”，意思是善于打胜仗的人不会与敌人排兵布阵，善于排兵布阵的人不会与敌人面对面地“阵地战”，善于与敌人面对面抽死签的人不会打败，善于打败仗的人一定能取得最终的胜利。这里的善败就是吃了小亏后撤退，而不是无赖式地纠缠。

善败这话要是用在投资上就应该理解为：善于赚钱的人不持股长期对阵，善于长期投资的人不会频繁地在市场中杀进杀出，善于杀进杀出的人应该保持不败的战绩，而善于吃小亏的人才能取得最终的胜利。特别是对新入市场的投资者而言，首先要学会吃小亏，这样能少交很多学费。

但如果这次下跌，不能从中学到点儿什么，那钱就白赔了。如果还是不设严格的止损，如果还是一门心思与下跌的市场较劲儿，那终有一天要一败涂地的。先求吃小亏，再占大便宜，先学会输，再学会赢。

留给儿子一套本领

现在的杨百万，除了靠炒股赚钱之外，还开了个软件公司，儿子就是软件公司的董事长兼总经理，他是顾问。他说，“我认为给他存多少钱不是重要的，我传一个公司给他，让他把这个公司发扬光大，才能立于不败之地。古人云：遗金遗银不如遗书教子，现在没有什么书好遗，遗个实业，如果你有本领，不给你钱你也能挣到钱”。

近年来杨百万设立了一个证券工作室，就在上海北边的一个住宅小区内。“成立这样的一家公司，主要是因为我对股票这一行十分熟悉。我也想利用一下自己这方面的优势。实际上，这也是根据自己的特长，转向做实业。”然而杨百万更多的是希望儿子来完成这项“转型”工程。

杨百万说：“我将多年积累的许多特有指标编入软件中，反映我的一些看股、选股、炒股的思想，既是帮助散户也是对社会的反哺。现在这个软件已经注册，正在销售。我的儿子负责软件的编写，指标的输入。这也算是子承父业。”

如今股市已经成为杨百万生命的一部分。他说：“现在将近60岁，工作40年，之前20年是在国企混过去的，后来20年我把满腔的热情投进了股市，精神上完全不一样。一开始买卖国债养家糊口，那个时候是择业，但现在已经升华为了事业，不赚钱我也喜欢。就像现在我给股民讲课有时候是不收钱的，就是爱好。讲得大一点，这是我的事业，我要为这个事业奋斗。讲得小一点，老了以后，我把炒股、带学生、给人家讲课当成锻炼脑力的活动，预防老年痴呆症。”

关于未来，杨百万基本设想好了。“我现在只投很少一部分钱在股市，因为我已经59岁了。我不会为了后面花不到的钱再去积累太多财富。”

“我是普通老百姓，如果可以，我想把骨灰撒到我喜欢的证券市场，撒到我给股民讲过课的城市，撒到我奋斗了半生的证券行业，也希望我这个‘财神’能给股民带来保佑。”杨百万如是说，呵呵笑着。

对话杨百万：我的“发家史”

100万拿到手生茧

问：股民都尊称您为杨百万，这个名称是怎么来的呢？

杨百万：说来话长，上海证券交易所还没开的时候，我进行国债买卖，赚了100万，当时的市长朱镕基作了个批示称我为杨百万。当时美国的《华尔街日报》、《新闻周刊》、《时代》周刊很关注我们的金融改革，看到我这个事例后就登载了我的新闻，所以外国人也称我为杨百万，正好顺应了朱镕基的批示。

问：您是在股票市场起家的吗？又是怎样被股民熟悉的呢？

杨百万：我并不是在股票市场起家，而是在国债市场起家，当时赚了100万。我在1988年就很有名，新华社对海外推出改革开放20年代表人物，我就是其中之一。近年来散户认同我，就是因为“5·30”。那时大家都热火朝天的时候，我在“中央会客厅”预测股市要大跌，我要抛股票了，而且已经抛完了。等到真正股市大跌之后，新股民才想起了还有个老股民杨百万。这样我又从考古堆里爬出来了。

问：您是什么时候进入股市的？

杨百万：1988年3月2日我辞职。那时候我在工厂做小干部，结果管理的东西被偷掉了，被领导怀疑，少年轻狂，所以就辞职了。辞职之后也很彷徨，报纸报道4月21日中央决定开放国债市场。那个时候看不到证券的书，但我看过《子夜》，所以认为市场经济一定会重演。我抓住了这擦肩的机会。

问：您1988年的第一桶金怎么赚到的？

杨百万：买卖国库券。1988年国家从国债交易开始，开发了证券市场。我从上海开始投资，后来到合肥、哈尔滨。越是偏远越是落后的地方，人们的投资意识越差。所以很便宜地把债券卖给银行，我再把债券从银行买过来，卖掉，日夜往返在火车上奔波。

当时上海到合肥的火车是88次，当时还没有“发发”这一说，现在想想真是有缘，每次火车轮一转，我就在“发发”。去合肥那一次是第一次挣钱，一晚上就赚了6000多块，兴奋得睡不着觉。当时一个月的工资才60多块，一个穷困的人一晚上赚了6000块，大脑兴奋不受控制。要吃安眠药才睡得着，如果不控制住，精神一定出问题。我吃了4颗安眠药，才睡了两个小时，所以说人民币对于人的脑细胞刺激很厉害的。

现在我一晚上赚6000元甚至赚6万，都没感觉，这就是原始状态下金钱的作用。当时不睡家里，晚上睡在火车上，天亮到合肥，去证券公司买了国库券，然后坐火车回上海，把国库券卖掉，晚上再出发，折腾了一个多月。合肥的国库券上亿的都给我背到上海来了。而且当时没有银行卡，100块的大钞都没有，都是10块10块扎成的1万块，我称过1万块钱一斤二两，100万块就拿在手上，当时手上全是老茧。

问：您这样频繁交易肯定引起了各方面的关注吧？

杨百万：是啊，我的行动引起了上海政界、金融界、经济界的震动，频繁交易、挣钱被人发现了。当时我赚钱以后跑去人民银行买卖国债，他们让我填表，我一填杨怀定，他们说原来你就是杨百万，我们老早就注意你了。你哪里来的那么多国债，我说我买来的。而且那个时候用的都是自己的钱，是n次方地滚，2万元启动变成26000元，然后再翻，短短六个月赚了上百万。

问：您拎着这么多钱上街不害怕呀？据说您还请了保镖？

杨百万：害怕呀！在街上担心得很。但是话说回来，那个时候比现在治安好得多，现在治安很差，抢劫什么的多得很。所以后来我去公安局雇了两个保镖，一个月600块。这下又出名了。上海报纸社会新闻的头版就登上海出现了雇用公安做保镖的商人，这其实很符合当时潮流，鼓励一部分人先富起来嘛。不过请保镖也不安全，这年头监守自盗的事情很多。实际上这是从长远考虑，当时我挣钱心里也担心这是不是投机倒把，所以我带着公安跑，公安看着都不知道是不是投机倒把，那我就更没法区别了，主要起这个作用。

问：那这个担心后来是怎么消除的呢？

杨百万：后来我看到内参，上面写着暴富起来的几种人，其中就有我，而且把我的名字都写上了，我害怕呀。所以我就主动去税务局，咨询税务局局长，说我赚了很多钱，我想来缴税。局长发现是杨怀定，说老早就注意我了，并且告诉我国债不收税。从此以后我的三件事震动了上海滩，一是主动上税，二是雇用公安保镖，三是跑了行政管理机关、人民银行。之后我就一心一意搞经济，在上海小市民尤其是倒爷之中引起震动。

2007年8月18日，我光荣地登上了证券市场18年论坛，很多高官都去了，说我是改革的实践者。我是想挣钱，但客观上成为证券市场的推动者。在我怕的时候，管理层也发生分歧，最后在中国人民银行的行长办公会议上，行长说中国有金融意识的人太少，希望千百个杨百万能够参与金融，这才一锤定音。1994年股票从1500点跌到500点，当时领导很着急，股票市场不能出乱子，安全就是胜利，跌到那么惨的时候，中央领导也希望找到我听一下意见。当时有一批我不认识的人座谈，我也高谈阔论，后来才知道是中央派下来的。我敏锐地感觉到政府要救市了，我就买进，后来中央就宣布三个政策救市，两个礼拜就从500点涨到1500点，这就是我拥护政策的回报。

有赚钱的机会就不愿意错过

问：除了国债和股票之外，您还进行过什么交易？

杨百万：黄金、轿车、大哥大、房子都买卖过。买进来以后，涨了就抛掉。市场经济的规律就是价值脱离价格不正常。大哥大我19000元买的，后来涨到6万元的时候我预测它的生产成本有限，很快会跌，所以就赶快卖掉，现在的手机都是那6万块钱买的。股民中我第一个买私人轿车，轿车当时很难买，我托人买到8万元的夏利，车牌不要钱，用了6年之后发现，一个车牌要卖17万元，我毫不犹豫连车带牌20万元卖掉了，上海报纸当时报道，炒得来股票什么炒不来。这就是市场上看不见的手。

问：您是不是特别敏感，所以能够抓住这些机会？

杨百万：不是特别敏感，小时候穷，有了赚钱的机会就不愿意错过，不愿意满足于现状。当时虽然万元户了不起，但随着社会发展，通货膨胀，一万元在现在买不到什么，所以理财也要有发展的眼光。当时和我一起炒股的人或因为消沉或因为贪婪都已经消失了。我的度把握得比较好，对于新鲜事物比如电脑、新鲜语言的运用都比较好，与时俱进。现在的市场已经不能靠散户的力量推动了，思路要转变，不能小看大资金，要跟着庄家走。所谓的潮流是靠伟人、英雄去创造的，但是创造也需要实践者，我就是一个实践者，而且是非常成功的实践者。

问：那您有没有过失败的投资？

杨百万：迄今为止没有赔钱的投资。2003年房产马上启动的时候我买进了150平方米的房子，4900元一平方米，现在已经涨到了15000元一平方米。我辞职之后的策略就是穷则思变，富了之后一定要与时俱进，一定要因地制宜找到适合自己的工作。

股市已经成为我生命的一部分

问：那您现在对于股市到底是一个怎样的感情？

杨百万：股市已经成为我生命的一部分，我现在将近60岁，工作40年，之前20年是在国企混过去的，后来的20年我以满腔的热情投入股市，精神上完全不一样。一开始买卖国债养家糊口，那个时候是择业，但现在已经升华，为了事业，不赚钱我也喜欢。就像现在我给股民讲课有时候是不收钱的，就是爱好。讲得大一点，这是我的事业，我要为这个事业奋斗。讲得小一点，老了以后，我把炒股、带学生、给人家讲课当成锻炼脑力的活动，预防老年痴呆症。

股市带给我的不仅仅是财富，还有一个快乐的人生，还有与别人交流的机会。如果不进入股市，我估计我交往的人数不会超过100个人，但现在我能够和成千上万的人交流，精神方面的变化是无穷的。另外就是使得我被动地、主动地关心时事、政策，因为这些都会影响经济。

问：那不管怎么样，您都会将炒股进行到底？

杨百万：不管怎么样，我都是一个坚定的中国股民。我以前写过一篇文章《誓与股市共存亡》，看得懂的人都没有抛股票，今年都笑了。看不懂的人以为我疯了。只要有独到的眼光和丰富的经验，不管股市是熊是牛，都可以找到自己的位置，就看你有没有这个水平了。就像中国地大物博，没有水稻吃的地方可以吃麦子，没有麦子吃的地方可以吃青稞，不能因为吃惯水稻就不会吃小麦，都要适应，那你就会是一个成功者。

问：我们都说风险，包括您当时买卖国库券，不觉得有风险吗？

杨百万：有风险呀。但是你分析过后就会发现风险是可以回避的。比如买车后你不要酒后驾驶，掌握交通规则然后就可以回避风险。所以一切事情就是一个度，度把握好了，就可以成功了，就可以条条大路通罗马。股市里面也不是只有我提供的这种方法，出路百条，只要是适合你的，你就会成功的，也希望股民能够引起深思。当然不是所有人都会成功，希望聪明的人看到我的言论能够豁然开朗。

骨灰要撒到奋斗半生的证券行业

问：您现在的时间肯定很珍贵，平时怎么安排您的时间呢？

杨百万：我现在每天花四小时在炒股上面，上午9：30到11：30，下午1：00到3：00。我已经看得太多了，所以不需要很盯盘的，看一点资讯，上上网，晚上就写炒股的书。现在大量股民占据我的时间，我的手机响个不停。我买什么股这种问题我一概不回答，有不认识的电话号码，我就编信息过去给他说“朋友，现在休息，不咨询个股”。所以我自己的时间还能控制得住。

问：您每天的生活都在股票上面，枯燥吗？

杨百万：我每天很忙，所以不枯燥。而且我带了很多研究生，每天四小时陪伴着我学习炒股。他们有在英国留学回来的国际金融硕士、博士，也有北大的研究生毕业了没找工作，跟着我研究股票。所以我很自豪。而且他们也可以学到知识。我还在各地演讲，传授我的经验。我现场演示给股民看，他们看得目瞪口呆，原来还可以这样炒股。

问：现在还有散户跟着您一起炒股吗？

杨百万：没有了。但是还有一批散户在杨百万的俱乐部里面。大家看我的电子邮件，里面有我对大盘的分析、建议，跟着我的思路走，大体能赚。具体的不跟着，因为我顾不过来。

问：听说您给您孙子起名叫杨线？

杨百万： 这个有两个意义。一是我们一家都热爱股市，通过股市养活了自己，解决了政府再就业问题。我们自己养活自己，活得很滋润。孙子出生后我给他们讲我们是股票之家，应该记住股票。二是股市上的股民喜欢上涨，上涨就是阳线，我又姓杨，那我就叫孙子杨线。我的孙子在上海很有名，上海的报纸都登了，这就是杨百万的孙子，小名涨停板。幼儿园的阿姨、地铁里的股民都知道他，也知道他的爷爷杨百万，幼儿园阿姨还开玩笑让他叫爷爷给他们一个黑马。所以他很小就在股票氛围中成长。

问：为什么您叫您太太“原始股”呢？

杨百万： 我们上海有人成了大款之后，90%都离婚了。我和太太是中学同学，股市上讲最原始的股票就叫原始股。我太太是没钱的时候嫁给我的，现在有些身边的朋友有情人，买很贵重的东西送给情人，情人还嫌花钱少。我稍微给老婆买点东西，她还说我浪费，这就是原始股和情人的区别，这是真心的，不在乎钱的，是在一起踏实过日子的。炒股票也是这样，不要看概念，要看根本。

问：您儿子现在和您一起炒股吗？

杨百万： 一起的，他现在是我们软件公司的董事长。我们公司两个人，董事长我儿子，总经理我儿子，我是顾问。我认为给他存多少钱不是重要的，我传一个公司给他，让他把这个公司发扬光大，才能立于不败之地。古人云：遗金遗银不如遗书教子。现在没有什么书好遗，遗个实业，如果你有本领，不给你钱你也能挣到钱。

问：您的遗嘱很有意思，说您的骨灰不放在骨灰盒里也不海葬？

杨百万： 是啊。我举个例子，我爷爷葬在哪里我都不知道，我也不会每年去扫墓。如果因为现在有钱了后事就大操大办，到孙子、重孙他们会忙于自己的事业，会给你去扫墓吗？即使去也是浪费钱财，不如现在就干干净净。在我写的书上看到我的照片，知道我是他们的爷爷就可以了。我是普通老百姓，不能把骨灰撒到大江南北，但至少能够撒到我喜欢的证券市场，撒到我给股民讲过课的城市，撒到我奋斗了半生的证券行业，也希望我这个“财神”能给股民带来保佑。甚至有一个股民听到我这个言论，强烈地要求我把骨灰给他一点，很有意思。

陈光标：汶川地震中背出208具遗体

“雷锋做好事不留名，不留名大家怎么知道他呢？” 41岁的陈光标丝毫不掩饰自己高调做善事希望获得社会声誉的想法。

2008年5月12日，那个共和国悲恸的日子，汶川地震发生后两个小时，江苏黄埔再生资源利用有限公司董事长陈光标分别从南京和安徽调集60辆工程车，连同120多人的救灾队伍合力向灾区进发。这支队伍日夜兼程，几乎与军队同时抵达灾区，成为自发抗灾抵达地震灾区的首支民间队伍。

在北川中学的废墟中，陈光标背出208名遇难者的遗体，并亲手救出3名幸存的孩子。这些在当时几乎不为人所知的义举，与他向灾区捐献的785万元比起来，更有震撼人心的力量。

5月23日上午，陈光标在绵阳市九洲体育馆安置点遇到温家宝总理。“你叫陈光标吗？我早就听说过你，你是有良知、有感情、心系灾区的企业家，我向你表示致敬。企业家要有经营的理念，还要有爱心，有灵魂。谢谢你们!”总理紧紧握着陈光标的手说。

陈光标由此被誉为“中国首善”。他多年来积极投身社会慈善事业，10年来向慈善事业捐款捐物累计4.75亿元，受资助的人数达20多万个。

但在无数美誉面前，陈光标从事的房屋拆迁事业却很“脆弱”。“如果不是有很多人知道我做善事，给一些项目，我们可能早就做不下去了。”在房屋拆迁领域，陈光标说，“拆迁业里很多老板素质都比较差”，各种违规现象也时有发生。

陈光标说，政府在拆迁行业15年以前制定了标准，15年以后就没有制定建筑垃圾处理的标准。现在4万亿投资拉动内需，很多城市在大拆迁，政府忽视了建筑垃圾处理问题。在做好企业的同时，不能为了追求利润最大化，牺牲了子孙后代活下去的条件。陈光标还向媒体哭诉，行业里面有很多违规行为，这也是他的企业步履艰难的原因。

一个鸣锣敲鼓做善事的民营企业家，在这个行业潜规则横行的年代，还能活多久？

一个民营企业家的“5·12”

“我小时候就喜欢得到表扬，上小学的时候，在学校主动擦黑板，扫地，每次老师都会剪一个小五角星贴到我身上。”在2009年5月22日，回忆一年前的地震，陈光标说道。

去年5月12日下午2：30，陈光标在公司开股东大会，3：30接到四川好朋友打来的电话，“我们四川发生大地震”，“有多大？”，“我姐姐、姐夫都埋在都江堰小学里面了”。

听到这话，陈光标心里咯噔一下，意识到地震的严重性。“各位兄弟听到了吧，四川发生大地震了，我有一个好朋友的姐姐和姐夫都埋进去了，你们看看地震是多大？我们应该怎么办？”陈光标说。

大家就说捐款，陈光标说出除了捐款以外，还有什么更好的办法吗？大家说飞过去救援。陈光标说正好今天下午60台工程车就要到北京长安街拆除，商务部让他们13日进场，他们12日准备开到北京去了，陈光标马上下令不去了，通知他们调头火速前往灾区。

公司的部分基建设备在武汉施工，在合肥、江苏施工，陈光标要求他们前往灾区，当时股东的意见是：跟这三家的协议都签了，要违约的。陈光标说：“你们手摸着自己心口想一想，在这个时候如果我们自己的父母、孩子、兄弟姐妹埋在废墟里面，难道我们想到只是捐款，没有更好的办法吗？”

没有任何借口和理由，大家在陈光标的动员下统一意见。陈光标要求办公室打开中国红十字会的网站，模拟一套中国红十字会的各种通行证，放在前往灾区抗震救灾的专用车上，车上打上中国红十字会，要求每部车上面都要配备一个礼拜的矿泉水和面包，要求他们在路上除了加油以外小便都不要下车，玻璃窗摇下来往外撒。

时间就是生命。陈光标的工程车从当天下午5点全部前往灾区，陈光标是第二天早晨坐8点多的飞机飞往四川的。陈光标在南京军区干休所有一个好朋友，陈光标没有给他打招呼，就让司机到他家，把他家车上的军牌偷偷卸了下来。陈光标也做了一个牌子放在前往抗震救灾总指挥车，打上中国红十字会标志，自己穿上迷彩服。

陈光标跟四川朋友打电话借了最好的吉普车，把牌子拆到挡风玻璃上，军牌挂上去，还觉得不够气派。“兄弟，哪里卖警灯警报器”，“公安局后面就有”，陈光标于是买了两个警用灯往车上一安，回头一看，比公安部门的车还气派。这辆总指挥车后来捐给四川博物馆了。

“我是江苏省红十字会副会长，也是常务理事，所以我知道灾难来临的时候，就没有请示。”陈光标自己说。第一站到了都江堰中学，第二站到了东汽中学、北川中学、什邡中学，他三天两夜没有睡觉。

陈光标自己总结，这次四川大地震，他有“一个遗憾两个骄傲”。遗憾就是，他的工程车和人员还是去迟了，去少了，如果再组织多一点是有可能的，因为公司在全国10个省市都有房屋拆迁，300多辆重型机械，70%都是退伍战士，非常有战斗力。

“两个骄傲”，一是陈光标亲手指挥和亲眼看到60多台工程车参与打通北川生命线、汶川映秀镇生命线。在映秀镇岷江又推出30多公里路，推出一个停机坪，在北川老县城又参与掩埋了近万具尸体，为四川灾区抗震救灾家园重建，陈光标待了54天，最后60台工程车也捐赠给四川灾区。另外他还捐了23000台收音机，1500台电风扇，785万现金等等。

第二个骄傲是受到温家宝总理的接见，温总理见到陈光标的时候是在九洲体育馆，他握着陈光标的手说：“我知道你，你是一个有良知，有感情，心系灾区的企业家，我向你表示致敬。”

陈光标说：“谢谢总理，我非常感谢党的改革开放30年，没有改革开放就没有今天的民营企业家，汶川地震是考验民营企业家爱心和责任的时候，我们今天所有的财富都是党和人民给我的，当他需要的时候我们就应该义不容辞地给他。”总理说：“对，企业家要有经营观念，要有爱心，还要有灵魂，谢谢你。”

我的慈善恨不得让全世界知道

民企有原罪，也有首善。但民企的首善在一些人眼里功利性很强，陈光标对此毫不介意。

“我这么多年做慈善比较高调，今天捐100万，恨不得全世界65亿人都知道。”陈光标说：“很多人说我是一个成功的企业家，成功的慈善家，我都非常高兴。我1998年做企业第一年赚了20万，在媒体上看到安徽芜湖有一个女孩有困难，捐了3万元给她。第二年我又拿28万元为家乡修了4.7公里乡村公路。慈善事业是随着我个人共同成长的，慈善事业不是一年两年做的，做企业十年每年都做的。”

2009年1月，陈光标捐2200万元，3月份捐1500万元，4月2日又向中国人权基金会捐了2000万元现金，全部到位。5月26日，他在江苏又举行一个捐赠仪式，共捐赠6000台电脑，1000万元现金。

陈光标讲述了自己的成长经历：“我生于安徽，长在江苏，我父亲是入赘过来的，家里非常贫穷，我有5个姊妹，哥哥姐姐是饿死的。为什么我把生日改为5月12日？我到现在41岁不知道自己的真实生日。到18岁办身份证的时候，我问母亲生日是多少，她说不知道，只知道是属猴，大概是七八月份生的。是我母亲在田里干农活生出来的，回家里洗洗，就借别人的奶、熬米粥喝。

爸爸说，哥哥姐姐是饿死的，到我这个就不能饿死，如果饿死中国就缺少一个首善了。我到上小学一二年级的时候没有钱交学费，父母不好意思东家借西家借，家里养了几只老母鸡，鸡蛋几毛钱一个，就靠卖鸡蛋的钱给我交了学费。那时候喝水都要到几里外去挑，我就去挑水回来卖，卖了4元。9月1日开学非常高兴，准备拿自己的钱去学校交学费，刚刚到家妈妈告诉我，邻居家的孩子苦，没有钱交学费，我二话没说就把我卖水的钱给他交了，那时候我上小学三年级，10岁，第一次帮邻居孩子交学费，当天晚上高兴得一夜没有睡。”

陈光标说：“我今天回想自己的成长经历，发现两样东西吃得特别多，第一个吃的苦多，第二个吃的亏多，吃亏是福。另外有‘两个下’；放下架子和放下面子。我今天两手空空再回过头摆地摊完全是可以的。我摆过地摊，卖过水，从农村拉过板车到城市里面卖，从温州大市场批发小商品到江苏、安徽去卖，到南京开过兰州牛肉拉面馆，我做过的事情很多，在广州火车站摆过地摊，吃的苦和亏非常多。十年来做企业没有向银行借过一分贷款，因为小时候受父母影响很大，没有向亲朋好友借过钱，有100万就做100万生意，不懂的生意就不做，1998年做医疗器械销售，后来改做房屋拆迁，并拿出一定比例来回报社会，坚持做了这么多年。”

陈光标说，企业家应该有社会责任。他认为今天赚钱回报社会是理所应当的，财富再多，归根结底都是属于社会的。所以他认为财富如水，有一杯水自己喝，有一桶水可以放在家中，有一条河就应该学会与他人分享。

陈光标说，“俗话说钱财如粪土，生不带来死不带走。卡耐基说过，在巨富中死去是一种耻辱。党的改革开放让人们富起来，我作为一个民营企业家去回报社会，为党和政府分担责任，这是义不容辞的社会责任。我想作为一个民营企业家，一定要牢记胡锦涛总书记一句话：一方有难，八方支援。温家宝总理说：一个人身上要流淌着道德的血液，不能光流淌着利润的血液，不能追求利润最大化而牺牲子孙后代活下去的条件，特别是现在环保污染问题，要做一个有道德、有感情、有灵魂的企业家。我唯一的遗憾就是没有第二次生命献给我的祖国和人民。”

对话陈光标：愿意做雷锋让大家学习

问：我最好奇的就是，中国的民营企业家有两个观点：一个是悄悄地富，最高境界是我富了人家不知道；第二个是做善事也是悄悄地干，生怕做了一件事情就高调去说。我自己就有这个顾虑，怕找的人很多，能力资源对付不了，但是西方人家好像不是这样做的，你出生于中国比较土的农村，不过你的理念很先进很西方化，愿意高调地做慈善，能不能讲一讲是怎么考虑的？

陈光标：我是1998年做企业，到2003年之间已经向社会捐1000多万元。中国有句俗话：人怕出名猪怕壮，做好事不要留名。到2003年春节我父亲告诉我，光标你这几年向社会捐1000万这不算什么，在大海里面就是一滴水，你上小学的时候经常唱学习雷锋好榜样，你就要学习雷锋，让很多人都来学习。所以我2003年以后就开始高调了，做了慈善就要让人家知道。做企业我父亲送我“两个坚持”：坚持诚信做企业，坚持守法经营。找一个法律顾问把好关，不要做违法乱纪的事情，不要在乎人家说什么，所以2003年以后就高调起来了。

问：你做慈善有没有给自己家人包括小孩一个明确的预期，这个钱跟他们没有什么关系，你就把它捐了。很多企业家都有传承意识，捐钱之前有没有意识到捐这个钱是家里面的共同资产，有没有征求过共同所有者的意见，他们是怎么想的，他们赞成这样做吗？

陈光标：首先捐钱就是我的父母大力提倡和鼓励的，我夫人也是非常善良的，这么多年捐钱她都大力支持，爱捐多少捐多少，我夫人从来没有因为捐钱跟我吵过一句嘴，我孩子4岁的时候中央电视台采访问他，你爸爸开什么公司，他说，我爸爸开的是黄埔捐钱公司，我每次捐钱都把孩子带到现场。

我小时候就喜欢得到表扬，上小学的时候，在学校主动擦黑板，扫地，每次老师都会剪一个小五角星贴到我身上。这么多年我个人的荣誉证书超过4米高，我做一件好事就想得到一份荣誉。

后记

下一个30年的隐喻

每天起床我都不敢照镜子，以免看到自己丑陋的身影徒增伤感。一百多年的西学东渐，一百多年来中国在屈辱、反思、学习中逐渐体味到自信的感觉。就在2008年，一场史无前例的金融海啸爆发了，它颠覆了很多中国人心目中“以美国为纲”的潜在意识，就像做了一个梦，恍然大悟：原来镜子里面的我长得也还可以。

温家宝总理说，一个危机的时代或许可以带来科技革命。比科技革命更为重要的是，危机将带来中华民族复兴的信心源泉：并不是凡是美国的观点就是对的；并不是凡是美国的标准我们都要学习。改革开放30年，在这个历史的十字路口，我们看到了，中国扔掉美国这根拐杖，学会自己走路。

在这场注定要成就一个伟大国度的新变革当中，有很多的“裸泳者”与“终结者”，他们的言行举止推动或阻碍着变革的进行，但改变不了前进的方向。华尔街的神像已经被推倒，在我们的内心深处，一股前所未有的淡定正在凝聚，多难兴邦，中国终究要以这样的形式实行大国的和平崛起。

记录这个时代的故事，他们的沉浮折射历史的分野，向左还是向右？自由还是保守？市场还是政府？中国还是美国？他们拥有下一个30年发展的隐喻。

遗憾与致谢

这本书不是我个人学力与观察的呈现，更多的是书中那些影响时代进程人物的探索思考。就像一条线，我尝试把一颗一颗的珍珠串起来，做成项链挂在那些美丽姑娘的脖子上。固然学力不逮，但聊以做引玉之砖，亦幸甚。从构思到写作持续了半年时间，我更愿意将它视为南方都市报从业5年的总结，视为广东商学院赋予我经济学观察纬度9年来的课堂作业，献给自己即将到来的30岁。

比较遗憾，现在各位面前的作品仍显“青涩”与粗糙，但这已是我在半年繁重的日常工作之余所能尽的最大努力。其间本人参加全国两会报道，经常出差中断写作，每个月还有将近六万字的新闻报道。

要感谢的是，那些一直给我力量的人。广东商学院何东霞教授引领我走进经济学的殿堂，在亚当·斯密的扣针制造工厂找到自己的位置，并欣然为本书作序，深入浅出地剖析增长之谜，堪称点睛之笔。广东商学院刘红红教授带我拜访那些迷失在经济史中的大佬，原来布里丹饥饿的驴也很痛苦：面对两堆同样诱惑的干草，完全理性的驴子无法选择。

要感谢的是，那些一直给我帮助的人们。南方报业是一个具有良好工作氛围的报业集团，从我踏入广州大道中289号的大门，我的身边就没有缺少帮助、支撑、鼓励我的人们。书中的很多思路，都是直接来自报社领导、同事的洞察，他们将经济事件庖丁解牛，我在一旁偷师学艺。更要感谢南方报业传媒集团社委、南方都市报总编辑曹轲老师，凌晨4点还在为我写序，对后辈的提携没齿难忘，是鼓励也是鞭策。

还要感谢本书的责任编辑阮清钰，没有他的敦促和帮助，本书的出版可能遥遥无期。本书的部分资料引自公开报道及传记材料，其中包括奥巴马自传、巴菲特自传、黄光裕传记、摩根斯坦利《关于资本主义未来的辩论》（2009年3月26日），以及克鲁格曼、黄亚生、沈南鹏、马云、柳传志、陈光标的演讲内容，刘永好、梁信军等对话，感谢《环球企业家》的安排，另有少量材料引自本人发表在《南方都市报》上面的文章。由于时间仓促，部分书稿没有经过当事人审核，如有错漏责任归我，并借此表示歉意！

欢迎提出宝贵意见并建立联系，本人的MSN为rongmingmai1981@hotmail.com，谢谢！

戎明迈

2009年8月1日